桑奇三塔

西天佛国的世俗情味

扬之水 著

广西师范大学出版社
·桂林·

第三章 其他

第一节 阿育王的事迹·群象供养佛塔－礼敬七佛（过去七佛及其道树）－欲界六天 ... 195

第二节 药叉－药叉女 ... 213

第三节 莲花－如意蔓－供养物及其他 ... 228

大塔主要浮雕位置略图 ... 261

新版后记 ... 275

人美版后记 ... 281

三联版后记 ... 283

目次

引言 ... 1

第一章 佛传故事 ... 19

第一节 白象入胎—诞生 ... 20

第二节 四门出游—逾城出家—降魔成道 ... 40

第三节 正觉（成道）—初转法轮 ... 61

第四节 降伏毒龙—尼连禅河奇迹—频婆娑罗王迎候佛陀 ... 75

第五节 竹林精舍—回到迦毗罗卫城·舍卫城的奇迹—祇园布施 ... 94

第六节 帝释窟访（帝释天朝访）—忉利天说法归来（降三道宝阶）—猕猴献蜜 ... 111

第七节 大般涅槃—八分舍利 ... 128

第二章 本生故事 ... 149

第一节 六牙象王本生—睒子本生—大猴王本生—独角仙人本生 ... 150

第二节 须大拏太子本生 ... 170

引 言

一

桑奇（或作桑吉或山奇，Sanchi）佛塔是印度早期佛教艺术的重要遗存，也是世界上现存最古老且保存最完整的佛塔遗迹，始建于公元前三世纪的孔雀王朝阿育王时代[1]。

塔共三座，大小不完全相同，建造时代也有先后之别，而以大塔最为有名。其地在今印度中央邦首府博帕尔附近，距古代马尔瓦东部名城毗迪萨（Vidisa，今比尔萨）西南约八公里。

大塔直径三十六米多，高不到十七米；半球形屋顶高近十三米，直径三十二米余。半球形屋顶下的平台四米多高，宽近两米。不过大塔中心半球形覆钵初建时的体积仅及现有大小的一半。公元前二世纪中叶即巽伽王朝时代，当地富商资助的一个僧团扩建大塔，于覆钵之外包砌砖石，并涂饰银白色与金黄色的灰泥，复于顶端增设平头和三层伞盖，底部构筑砂石基坛、双重扶梯、右绕甬道及上下两道栏杆，便是现在看到的大塔规模。公元前一世纪晚期至公元一世纪初叶的早期安达罗王朝（也称萨塔瓦哈纳王朝）时代，大塔下层栏杆四个方向的出入口又陆续兴造了四座的砂石塔门。塔门之南门的第一横梁背面有一则铭文，曰"以室

---

[1] 晁华山《佛陀之光——印度与中亚佛教胜迹》曰：大塔"南门旁有石柱，柱头是四只背合的狮子，建于阿育王时期，因而推论原塔建于阿育王时期"（页32，文物出版社，二〇〇一年）。按今所见石柱已残断。

1·1:1 大塔南门
采自《桑奇遗迹》

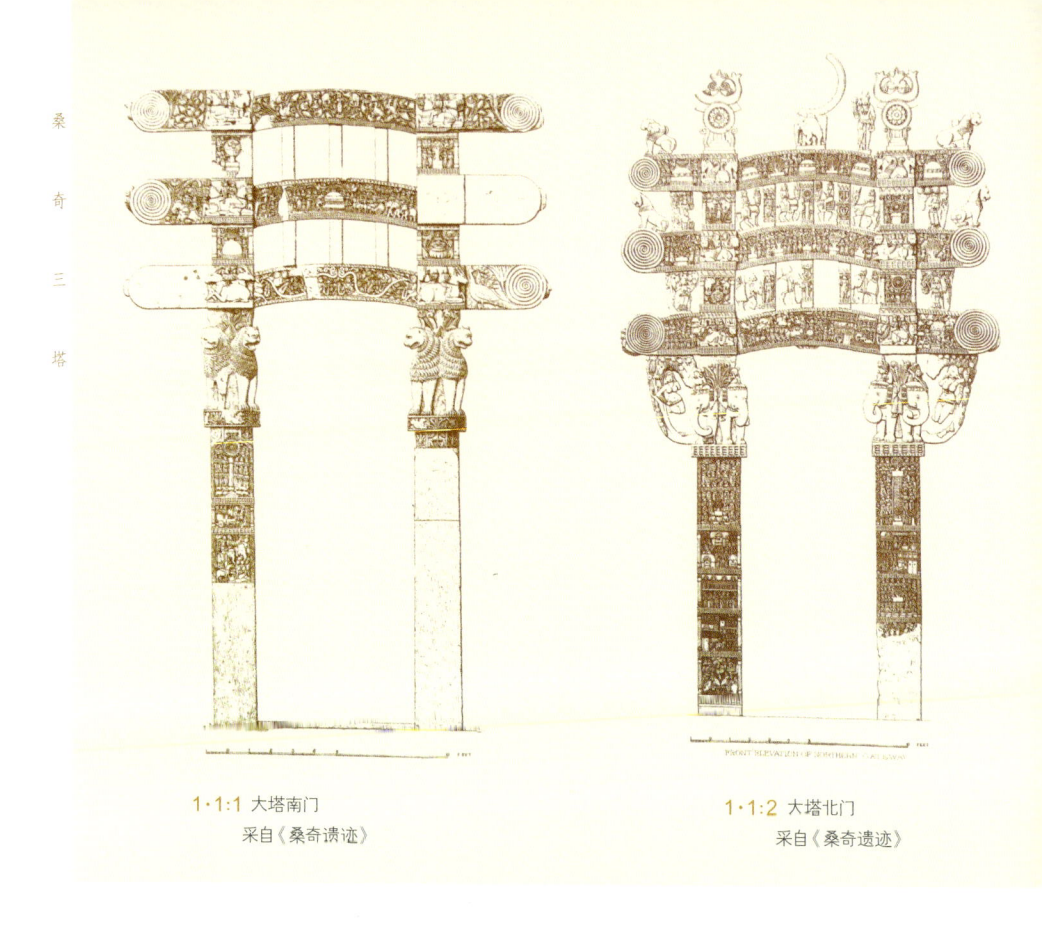

1·1:2 大塔北门
采自《桑奇遗迹》

利·沙达伽尼王的工匠为首、瓦希休提之子阿难陀（Ananda）捐献"[1]。一般认为此铭之室利·沙达伽尼王是指萨塔瓦哈纳王朝第三代的沙达伽尼一世，只是关于这位君主在位的绝对年代尚有争议，今大致把它定在公元前一世纪末叶[2]。四座塔门的制作，以时间为序，则依次为南门、北门、东门、西门〔1·1:1~4〕。不过最早的南门和最晚的西门间隔时间并不很远，因为南门第二横梁和西门南柱刻有同一位功德主的名字，即巴拉米陀罗（Balamitra）；此外，东门南柱和西门北柱，捐赀者也为同一人[3]。

---

1 宫治昭《桑奇一号塔塔门雕刻》（王明增译），页69，载《东方美术》（范曾主编），南开大学出版社，一九八七年。
2 王镛《印度美术》，页59，中国人民大学出版社，二〇〇四年。
3 宫治昭《桑奇一号塔塔门雕刻》，页70。

1·1·3 大塔东门
采自《桑奇遗迹》

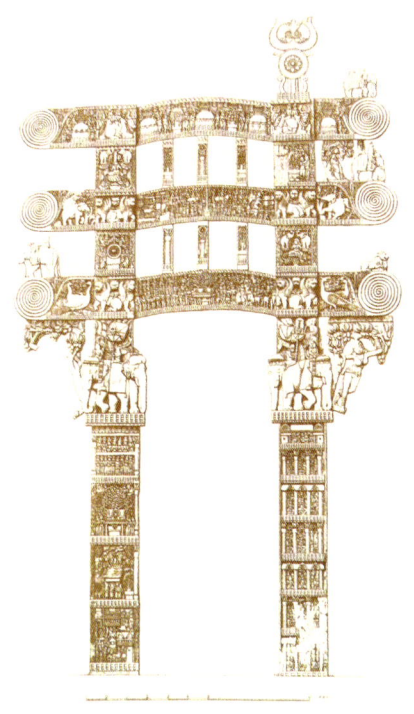

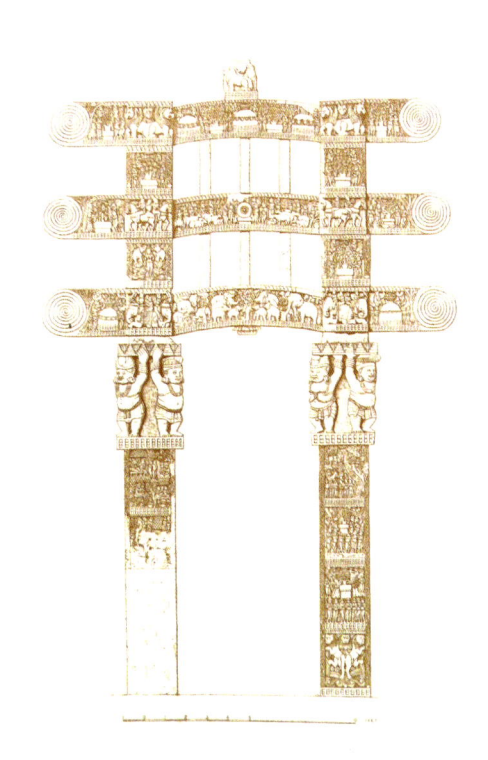

1·1·4 大塔西门
采自《桑奇遗迹》

  大塔周围环绕着三米多高的石栏楯亦即石栏杆[1]，栏杆的立柱与横栏用仿木结构的榫卯方式组合而成，设有南北东西四个方向的出入口。不过出入口在外面却是看不到的，因为每一出入口的栏杆内均设有两个九十度的转弯，也因此构成四个矩形门廊〔1·1·5~7〕。

  四个石雕大门亦即陀兰那各有三个横梁，横梁两边各有一对方柱为支撑。下方支撑整个横梁的两根石柱宽不到一米、高四米，两个方柱的顶端各有一米多高的一个柱头。不计顶部的装饰，每座塔门高约十米。横梁、方柱、支撑横梁的立柱，均布满雕刻，这也正是桑奇大塔的精华所在。

---

1 栏楯一词，多见于佛经。玄应《一切经音义》卷一："栏楯，又作阑，同。……《说文》：阑，槛也。《通俗文》：阑槛谓之楯。王逸注《楚辞》云：纵曰槛，横曰楯，楯间子曰槛。案阑楯，殿上临边之饰也，亦所以防人坠堕也。今言钩阑是也。"

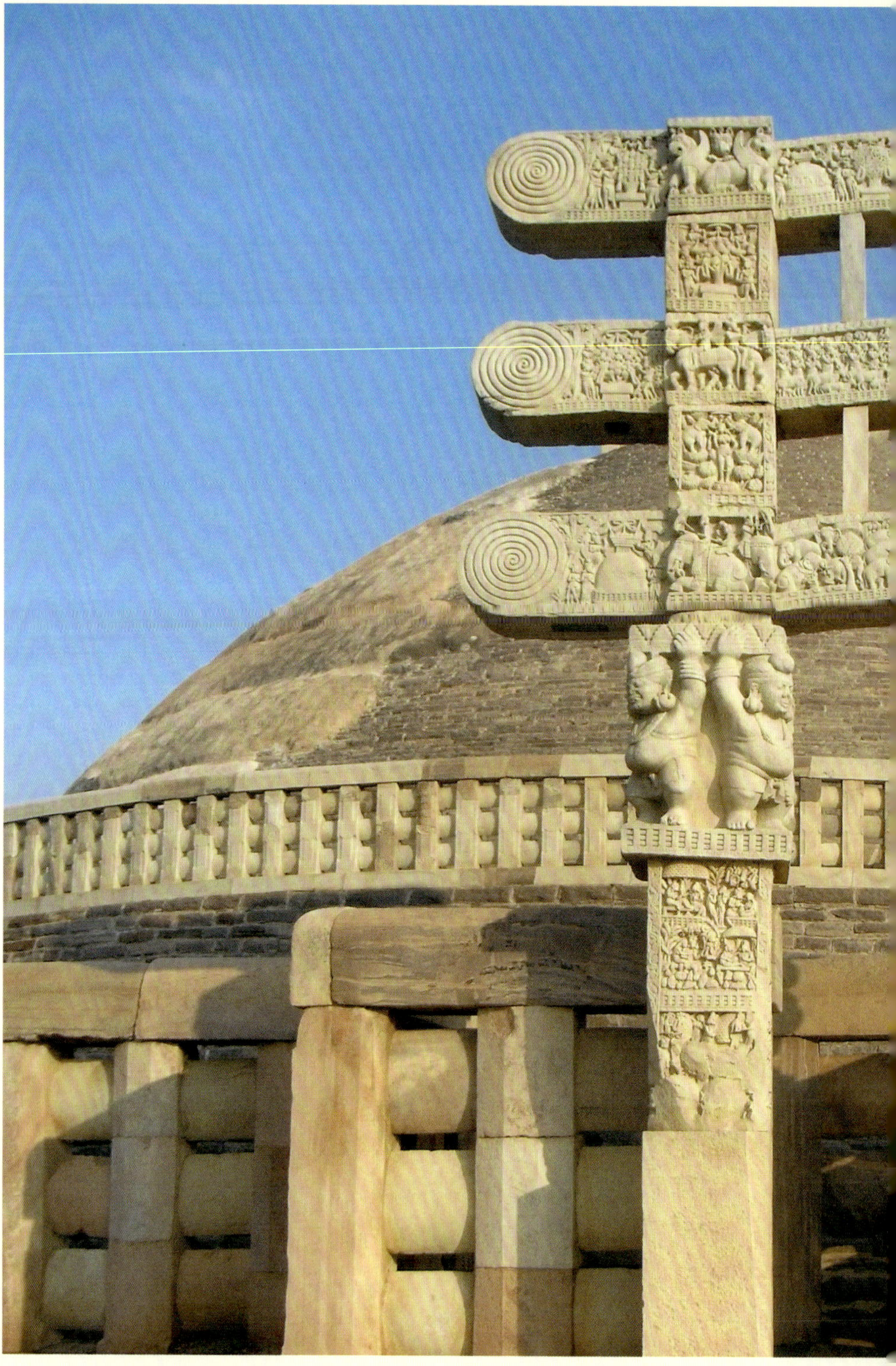

1-1:5 大塔西门

桑奇三塔

1·1:6 大塔与栏楯之间 西门背面 　　1·1:7 大塔与栏楯之间 东门背面

　　佛塔之后，桑奇尚有颇具规模的佛寺兴建。其佛事，大约一直持续到十一世纪。十二世纪以后，随着伊斯兰教的愈益兴盛和佛教的日益衰败，这里的佛塔与寺院也逐渐荒废，于是掩藏于丛林而被世人彻底忘却，直到一八一八年被无心闯入的英军意外发现。次年英军上尉埃德华·费尔发表了有关桑奇遗迹的报道，三座佛塔方再次为人所知。以后，英国考古学家亚历山大·甘宁汉把三座佛塔编为一、二、三号，大塔，便是一号。一九一二年，考古学家兼艺术史家约翰·马歇尔主持了遗址的发掘和大塔的复原〔1·2〕。他与阿·福歇合著的《桑奇遗迹》（*The Monuments of Sanchi*）三巨册，是迄今为止关于桑奇佛教遗迹研究的最为重要的著述。

1·2:1 大塔和三塔 采自《桑奇遗迹》

1·2·2 大塔 采自《桑奇遗迹》

二

孔雀王朝是印度的第一个统一王朝,始于公元前三二〇年前后,开国之君为旃陀罗笈多,其孙阿育王于公元前二七一年登上王位,在他的时代,王朝疆域最大。王皈依佛教后,于弘扬佛法,用力最著。著名的阿育王柱,便有着王朝以推行佛法而威震四方的象征意味〔1·3〕。不过它仅与佛教有关,而非纯粹之佛教艺术[1]。

公元前一八五年孔雀王朝为巽伽王朝所取代,巽伽王朝仅具有孔雀王朝领土中部的摩揭陀一带。王朝最著名的佛教遗存是巴尔胡特大塔〔1·4〕。大塔原建在中印度科沙姆西南不到二百公里处[2],即古代的拘睒弥。覆钵塔遗址于一八七三年发现,大塔栏楯和覆于栏楯顶端的笠石均有浮雕图案,然而环塔之石栏楯已是残缺不全,今在加尔各答博物馆内辟出一个展厅复原陈列。大塔的栏楯与塔门有铭文二百余,根据东门门柱施主的发愿文,可知建造塔门和栏楯的捐赀者系巽伽朝一位名作达纳胡提的王侯。浮雕上面的铭文也多有施主姓名,为王侯,为商主,为居民,为比丘和比丘尼,其中不少是来自恒河流域以及德干高原一些城市的外地人[3]。稍晚于巴尔胡特大塔,即约当巽伽王朝晚期的遗存,尚有今印度比哈尔邦的菩提伽耶佛塔栏楯。

公元前一世纪,原臣服于孔雀王朝的南印度部落安达罗人崛起于德干高原,建立了安达罗王朝,自此至公元一二四年,为早期安达罗王朝。巽伽王朝和早期安达罗王朝时期的佛教石窟,有西印度的巴贾石窟和卡尔利石窟,前者开凿于公元前一百五十年至前一百年间,后者时代约在公元四十年至一百年。

1　吕澂《佛教美术》,页 21,《法音》二〇〇五年第一期。
2　文森特·A. 史密斯《印度与锡兰美术史》(*A History of Fine Art in Iidia and Ceylon*),图版 12 – B,孟买,一九六九年。
3　《佛陀之光——印度与中亚佛教胜迹》,页 27。

1·3 狮子柱头（阿育王柱）鹿野苑出土 采自《印度与锡兰美术史》

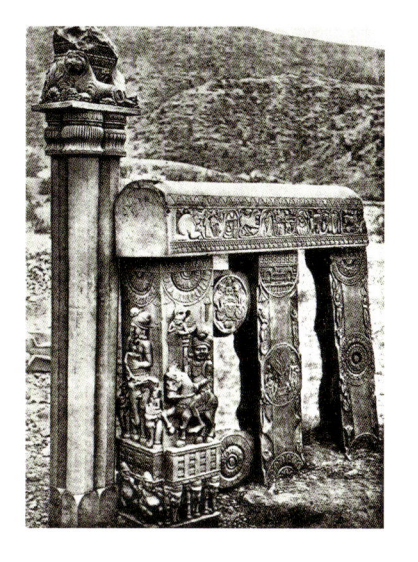

1·4 巴尔胡特大塔 采自《印度与锡兰美术史》

公元一世纪至三世纪，印度西北部有大月氏人建立的贵霜王朝。印度与希腊化艺术结合形成的犍陀罗佛教艺术，即繁荣于贵霜时代。地处连接印度中部与西北部交通要冲的马图拉，贵霜时代是王朝的东都，这里形成的保持本土特色的佛教雕刻，成为与犍陀罗流派并立的马图拉流派。与此约略同时，又有南印度的后期安达罗王朝之阿马拉瓦提艺术，与犍陀罗和马图拉鼎立为三。

以上为桑奇前后佛教艺术流派之大势。那么印度早期佛教艺术中的石塔雕刻，以时代先后顺序论，便是巴尔胡特大塔栏楯雕刻最古，其年代约当公元前二世纪中叶；其次为桑奇二塔上面最初的雕刻，可定在公元前一二五年；再次，为菩提伽耶佛塔栏楯，时代为公元前七五年左右，桑奇大塔栏楯雕刻与此大抵同时，即公元前五〇年左右；最后是桑奇三号塔大门和桑奇二号塔栏楯上后期补加的雕刻，两者的时间都为公元后最初的几年[1]。如此，巴尔胡特与桑奇大塔之间，是有一个百年左右的发展进程，因此在桑奇大塔我们看到的已是趋于成熟和完美的表现形式。

1　约翰·马歇尔《犍陀罗佛教艺术》（王冀青译），页7，甘肃教育出版社，一九八九年。

三

桑奇大塔南侧，今存一座石砌的殿堂，此即发掘者编为第十七号的佛教建筑，约建于五世纪初年鸠摩罗笈多在位时的笈多时代。殿堂很小，平面为纵向的长方形，门前柱廊有四根粗大的列柱，柱头为覆钟式，顶端装饰两两相背的四只狮子，两个狮子之间一株大树，多为菩提，也有其他〔1·5〕。入门，则即平顶、方形的正殿。距此不远，又有一座笈多时代晚期的第十八号寺院遗址〔1·6〕。也是在笈多时代，大塔四座塔门的入口处分别添加了四座石雕佛坐像〔1·7〕。

由大塔西门处西行，沿着一条小路走向二塔，途中经过的一处遗址，是时代约当八世纪的第五十一号寺院〔1·8〕。更晚的遗迹，则是由大塔东门处向东行的一片建筑群，即第四十五号寺院〔1·9〕，它建于十世纪左右。今残存一座外表毁损的方形内殿和周围的几段柱廊，散落在地上的残石当即原初的建筑构件。透过紧锁着的纱门，可以看到内殿里面尚有佛像。

总之，一、二、三号塔之外，桑奇遗址所存佛教遗迹，其时代一直延续到十至十一世纪[1]。

---

[1] 林许文二等《印度佛教史诗：图解桑奇佛塔》（橡树林文化，二〇〇三年）列有"桑奇遗迹群分布示意图"及"桑奇遗迹区中的标示解说"（页52～53），可参看。

1·5 第十七号寺院 建于五世纪笈多王朝时期

第十七号寺院局部

1·6:1 第十七与第十八号遗址

1·6:2 第十八号遗址

1·7:1 佛坐像 北门

1·7:2 佛坐像 东门

1·8 第五十一号寺院遗址

1·9:1 第四十五号寺院

1·9:2 第四十五号寺院

1·9:3 第四十五号寺院浮雕

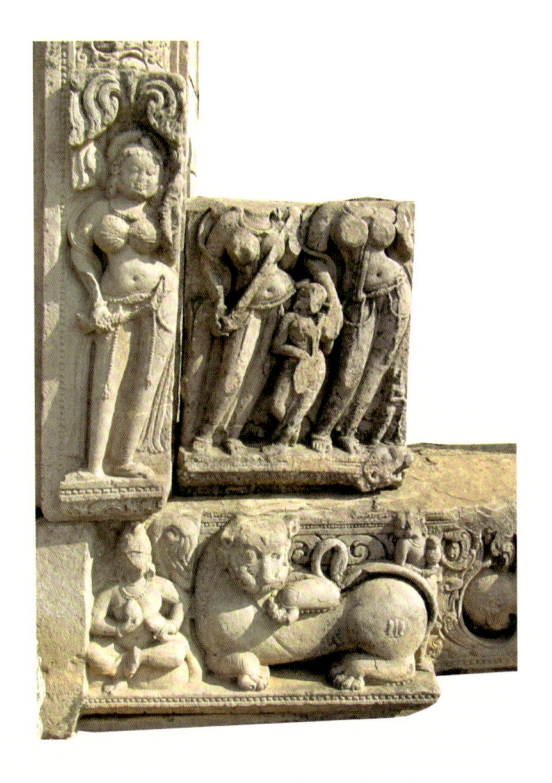

1·9:4 第四十五号寺院浮雕   1·9:5 第四十五号寺院佛像

四

桑奇村名不见经传，世尊住世的时候，足迹也从未至于此地。不过距离桑奇不远的小城毗迪萨曾经是商旅辐辏之所，交通便利，往来者众，桑奇大塔南北东西四门即靠了小城毗迪萨商人的慷慨捐赠而兴建[1]。桑奇大塔浮雕的艺术风格，则是源于此地象牙雕刻的传统工艺。大塔南门第一道横梁的背面铭文记载它是沙达伽尼一世的匠师领班阿难陀所奉献；南门左侧立柱浮雕的铭文则说明这是居住在毗迪萨的象牙雕刻匠师的作品。大塔雕刻构图的饱满和笔触的精微，当是来自牙雕的艺术趣味，这使它很像是放大了的象牙雕刻，因此造就了一种特殊的形式感。

印度早期佛教艺术中，匠师严格遵循着不表现佛陀的原则。为什么会如此，人们有过种种分析和认识[2]。不过面对已经存在的事实，不问原因，止谈感受，也许会觉得这是一种很好的方法。这里彰显的不是偶像，而是觉悟者的觉悟，他的说法以及他说的法。以不表现偶像的方法从事佛教艺术，可以更多保存佛教的本质，使信众的敬仰之心不是落在一个具体的形象，而是这一位圣者所证悟的真理，正如佛陀不断的教诫——重要的是自身之修为。

就形象创造来说，这种方法也是一种聪明的回避。并且它不仅不表现佛陀，连僧侣也不表现，因此画面中的人物以世俗形象为主。供养人之外，最多的是王者、贵族、武士、侍从，还有天神、药叉、魔鬼、外

---

1 阿·福歇《佛教艺术的早期阶段·山奇大塔东门》（王平先等译，甘肃人民出版社，二〇〇八年）：从栏杆和大门上刻画的所有大约三百七十五个铭文中所能了解到的是，某某或某行会制造了某立柱或横栏，如东门左侧柱正面中部的一则铭文——"（这个）柱子是柯罗罗（Kurara）的本土居民、阿卡瓦陀（Acchavada）的富翁那迦比衍（Nagapiya）所捐赠"（页51）。

2 如吕澂《佛教美术》："至于雕刻佛之行迹，则纯用象征方法，如以小鹿象征佛之诞生，以马象征其出家，以菩提树象征其成道，以法轮象征其说法，以塔象征其灭度，完全无佛本身之像。由当时雕刻之技术云，雕刻人像并非难事，而故意避开，别取象征法代之者，或系出于对佛之崇敬，以为佛之形象圆满无可比拟也，是亦一种理想主义之表现。"

1·10 阳光下的桑奇大塔

道。可以说，它是用世俗生活和传统神话的表现方式来讲述佛国故事。

我们见到桑奇，是在十二月里的一个艳阳天。远远看见绿草坡上的大塔，在阳光下被蓝天衬托得美极了〔1·10〕。阳光下的桑奇，石雕看起来果然如牙雕一般，不论质感还是颜色。当然在桑奇，最吸引人的，是大塔塔门浮雕故事。

曾经很想挑选着读一读佛经，却又每每忧惧于它的浩瀚，久矣找不到方便进门的入口。桑奇归来读佛经，从马鸣的《佛所行赞》开始，再挑选其他有故事的部分，而其中的文字随时能够同自己的好奇与疑问相遇，于是先在心里用大塔浮雕为它配了图，同时开始整理桑奇印象。

第一章 佛传故事

第一节

桑奇佛教遗址有三座塔，依发掘者的编号，分别为一、二、三号。以时间为序，二塔最早，大塔次之，三塔又次之。大塔规模最大，浮雕最多，也最为有名。

三号塔的中心，存放着佛陀两位大弟子舍利弗和目犍连的舍利，不过塔在一八一八年重新被人发现的时候，已是一座废墟，后经考古学家马歇尔复原重建。从遗迹来看，当年它的形制与大塔是相同的，即也有环塔的栏楯和四座塔门，然而幸存只有一座南门〔2·1〕，三号塔的大部分浮雕，便集中在此。

二号塔的规模最小〔2·2〕，建造时间大约在公元前二世纪，与巴尔胡特大塔大抵相当，甚或稍早，不过没有塔门，只有栏楯，栏楯上面的图案布置同巴尔胡特大塔很相近，即也是在上面安排圆形、半圆形或长方形装饰框内的浅浮雕。但除了入口处的立柱浮雕"诞生""正觉""初转法轮"，这里的图案绝大部分不包含叙事成分，却是如同一部图案集锦：动物（如西亚风格的有翼对兽）、禽鸟、插着莲花的宝瓶或曰满瓶、药叉和药叉女、密荼那（一对相爱的情侣）、天人〔2·3~9〕，浮屠、法轮、三宝标、阿育王柱〔2·10~11〕，等等，散布于四面栏楯之上。又以莲花的表现形式为多，除却莲花本身的各种样态，更有不同物象与莲花的结合，且以诸多域外元素丰富莲花的排列变化，如棕榈叶与莲花的混一形式之类〔2·12〕，因此它也很像是一部多卷本的莲花图谱。不过从另一角度来看，又可以说二塔栏楯浮雕原是各种图案的集成，而以几乎无所不在的莲花作为标识，将来自四面八方的本土和异域的图像聚拢在同一主题即佛教主题之下，构成新的装饰语汇。比如格里芬、动物搏斗、斗兽者、人面兽〔2·13~15〕，每一种图案都以不同形式的莲花点缀其间。大塔的装饰图案乃至叙事性图像，便有不少是来自二号塔所备下的这一份"图谱"。

2·1 桑奇三号塔

2·2 桑奇二号塔

第一章 佛传故事 21

2·3 有翼对兽
桑奇二号塔栏楯浮雕

2·4 对马

2·5 金翅鸟

2·6 孔雀

2·7 花瓶与对鸟

2·8 密荼那

2·9 天人 桑奇二号塔栏楯浮雕

2·10 桑奇二号塔立柱浮雕

2·11 三宝标

2·12 棕榈叶　　　　　　　　　　　　　　　　　　2·13 格里芬

2·14 斗兽　　　　　　　　2·15 人面兽
桑奇二号塔栏楯浮雕　　　　桑奇二号塔栏楯浮雕

与巴尔胡特大塔及桑奇二塔不同,桑奇大塔塔门立柱上面的图案,多安排在方形的装饰框里。下方总是以栏楯为边界,上方常常为雉堞,又或齿状排列的一溜三角形,在此也许可以视作雉堞的简略形式。左右两边或为棱柱,上有波斯式柱头;或为插在满瓶里面盘旋向上的缠枝花叶亦即如意蔓或曰如意藤,两边的纹样多半不完全对称。如此,便像是一个一个画框,浮雕好似另外做出来再嵌到画框里,因此查尔斯·法布里说:"许多印度雕刻与其说是表达了雕刻家对立体雕像的观念,毋宁说是表达了画家的观念。"[1]

白象入胎

桑奇大塔塔门浮雕的主要表现题材,是佛传和本生故事,而又以前者为多。佛传故事为白象入胎、诞生、四门出游、逾城出家、割发、降魔成道、正觉、梵天劝请、初转法轮、降伏毒龙、尼连禅河奇迹、频婆娑罗王迎候佛陀、竹林精舍、回到迦毗罗卫城、舍卫城的奇迹、祇园布施、帝释窟说法、忉利天说法归来、尼拘律园说法、猕猴奉蜜、涅槃、八分舍利。世尊一生的重要事迹,差不多都已包括在内。以不表现佛陀形象的缘故,主人公的出场,一律以象征物来表示,如伞盖、道树[2]、金刚座、法轮、经行石、佛足印、窣堵婆亦即佛塔。

---

1 〔英〕查尔斯·法布里《印度雕刻的艺术风格》(王镛等译),页28,载《东方美术》(范曾主编),南开大学出版社,一九八七年。
2 释典中,提到不少与佛陀事迹相关的树木,比如无忧树、菩提树、尼拘律树、娑罗树,它当然也成为佛教艺术的表现内容之一,今天的研究者每称此为"圣树"。然而"圣树"却不是汉文佛经中的称谓,也不是汉文献包括诗词歌赋中的称谓。比如菩提树,便是佛成道之处的毕钵罗树,汉文佛经通常称作道树。《增一阿含经》卷二十三:"过去恒沙诸佛世尊,坐于道树清凉荫下而得成佛"(《大正藏》第二卷,页671)《佛本行集经》卷二十五,偈云:"菩萨如法食乳糜,是彼善生女所献。食讫欢喜向道树,决定欲证取菩提。"(《大正藏》第三卷,页772)又《法苑珠林》卷八《千佛篇》"道树部":"夫绣梠丹楹者,非出家之高躅;荫松藉卉者,爰入道之清规。何者?俗以形骸之可贵,故华屋以居之;道以室家之可累,故脱屣而弃之。凡百仕人,孰能先觉。韦我御师,是曰生知,成道、涅槃、初生、说法,皆依树下。斯其旨焉。"(《大正藏》第五十三卷,页334)

佛陀出生在当日臣属于拘萨罗国的小国迦毗罗卫，这是释迦族建立的城邦[1]，国事由作为贵族的刹帝利种姓掌管。佛陀的父亲是净饭王，他娶了拘利族天臂城城主善觉王的胞妹摩耶。摩耶夫人，佛典中尊称为摩诃摩耶，意即伟大的摩耶。夫人的妹妹名波阇波提，佛典中尊称为摩诃波阇波提，姊妹俩同时嫁给净饭王。摩耶夫人诞育太子后的第七天便去世了，太子即由姨母波阇波提抚养长大。

据云摩耶夫人婚后，多年不曾生养，直到三十多岁的时候，某夜，梦见一只六牙白象扑向怀中，就此得孕。如此情节，便成为佛传图中的第一幅。

桑奇大塔中的"白象入胎"，却是只有半幅〔2·16〕。它被安排在东门正面右柱内侧第二格佛传故事中的"回到迦毗罗卫城"之幅，因此是一个"图中图"，在此并不是作为画面主题，而只是为了表明这里是迦毗罗卫城[2]。画面上方以一道栏楯隔出一个窄横条，左边是上有雉堞的城堡，此外占据主要空间的是一所开敞的殿堂，左面房顶尖拱窗的两边有一对孔雀，下方的空间是向右侧卧的摩耶夫人，头足两端各有一个仅露出头部的侍女。将欲入胎的白象即出现在殿堂屋顶的当窗处——这里便把一个窗子省略了。如此构图，大约是自巴尔胡特大塔栏楯浮雕以来即已形成的图式[3]〔2·17〕，且摩耶夫人向右侧卧的姿势，二者也是相同的。而按照太子从摩耶夫人右胁降生的说法，白象的投胎，实在应该从右边，那么夫人要向左侧卧才是，在犍陀罗艺术的佛传故事中，便都是如此[4]〔2·18〕。不过一个有意思的实例是，桑奇式"白象入胎"中摩耶夫人的造型，不知是以怎样的机缘，几乎原封不动被移用于龟兹石窟壁画，即克孜尔第

---

1 世尊在王舍城竹林精舍说法时，曾向诸比丘讲述自己的王统世系，见《佛本行集经·贤劫王种品》，《大正藏》第五卷，页674。
2 阿·福歇《佛教艺术的早期阶段·山奇大塔东门》（王平先等译），页69。
3 今藏加尔各答博物馆，此为参观所摄。以下巴尔胡特大塔栏楯浮雕图同此。
4 两例均为参观所见并摄影。

2·16:1 东门正面右柱内侧第二格回到迦毗罗卫城

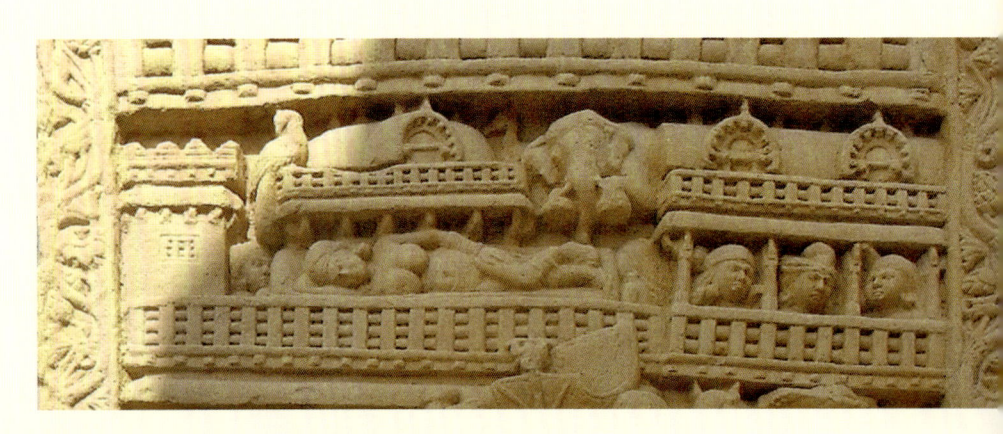

2·16:2 东门正面右柱内侧第二格图中图·白象入胎

2·17 白象入胎
巴尔胡特大塔栏楯

2·18:1 白象入胎
大英博物馆藏

2·18:2 白象入胎
加尔各答博物馆藏

2·19 度化庵摩罗女局部 克孜尔第八十四窟主室正壁

八十四窟主室正壁的度化庵摩罗女故事[1]〔2·19〕。

再看已是中土化的"乘象入胎",却是景象完全不同。比如敦煌莫高窟第三九七窟西壁时属隋代的一幅[2]〔2·20〕,它是佛龛龛顶火焰两边佛传故事中的北侧之幅,南侧则为逾城出家,均为佛龛龛顶的补景,因此是在一个三角形的平面中构图。画面中,太子乘象,象踏流云而奔行,前方天人反身相顾,后方天人手持雀尾香炉,右边两位菩萨举幡护送,左边天人舞动双臂,两手各持一枝莲花,又有一对飞纤垂髫的伎乐踏莲而行,一个吹笙,一个弹琵琶。此外的空间,便是随风飞舞的莲花、莲蕾和莲枝。画图用线条挥洒出风驰电掣的感觉,这里表现的不是肉感的人体美,而是衣带当风处的婀娜。桑奇式"白象入胎",至此连痕迹都找不到了。

诞生

摩耶夫人诞育太子的情景,佛典中多有叙述。《佛本行集经·树下诞生品》云,菩萨圣母摩耶怀孕菩萨,将满十月,垂欲生时,为善觉长者遣使接返娘家——因为"天竺礼俗,妇人临月,归父母国"(西秦圣

---

1 周龙勤等《中国新疆壁画艺术》第一卷,图一五五,新疆美术摄影出版社,二〇〇九年。
2 敦煌文物研究所《中国石窟·敦煌莫高窟》第二卷,图一五一,文物出版社,一九八四年。

2·20 乘象入胎 莫高窟第三九七窟 西壁龛顶北侧（隋）

坚译《佛说妇人遇辜经》）。途经岚毗尼园，摩耶夫人从宝车下，"先以种种微妙璎珞庄严其身，复以种种杂好熏香用以涂拭。众多婇女、伎乐音声，前后围绕"。园中别有一树，名波罗叉，"是时彼树，以于菩萨威德力故，枝自然曲，柔软低垂。摩耶夫人即举右手，犹如空中出妙色虹，安祥频申，执波罗叉垂曲树枝，仰观虚空"，"以手执波罗叉树枝讫已，即生菩萨"，"时大帝释，将天细妙憍尸迦衣裹于自手，于先承接"，"四大天王，抱持菩萨"[1]。犍陀罗艺术中诞生图里的摩耶夫人，便正是如此的优雅柔美之态[2] 〔2·21〕。以平常心看来，摩耶夫人的园中分娩，当是路途颠顿，惊动胎气而致，岚毗尼园亦不过路边林木茂盛的一处所在。太子之出生于母亲的右胁，本是印度神话中常见的情节，马鸣《佛所行赞》所谓"优留王股生，畀偷王手生，曼陀王顶生，伽叉王腋生。菩萨

---

1 《大正藏》第三卷，页686
2 如华盛顿弗利尔美术馆收藏的一件 本书照片为参观所摄

第一章 佛传故事　31

亦如是，诞从右胁生"[1]，即是也。

然而桑奇大塔诞生图，工匠依据的却不是树下诞生的经文，而只是传统艺术中原有图式的移用。此际尚必须遵循不出现佛陀形象的原则，未觉悟之前的太子也是不能表现的，因此太子没办法从"腋下出生"，诞生图便只着墨于佛母，于是成为"二象为莲花上的女性灌顶"[2]。它在桑奇大塔中不止一幅，不过除南门正面第一横梁之外，都是安排在立柱上面分隔为近方的格子里。

南门之幅，接天莲叶的中央是站在一朵莲花心里的佛母。耳边一对沉甸甸的大耳环，项饰在乳峰间凑聚而低垂，手上腕钏，足上脚镯，脐下腰带，健硕、结实，左手叉腰，右手拈一个莲蕾。一种昂然、快乐、满足的表情，在这样的姿态里被放大了。为伊沐浴的大象长鼻高举着澡罐站在两边的花心上，花枝花叶招展翻卷的莲塘里，有两对比象还大的水禽，佛母和大象便好似在莲花深处[3]〔2·22〕。大塔西门正面第二横梁左端下方立柱是与它构图一致的一幅诞生图，不过只是截取了中心部分，两边的莲塘和水禽略掉了〔2·23〕。佛母叉腰的姿态教人想到出自摩亨佐·达罗遗址的一件青铜小舞女[4]〔2·24〕，虽然是公元前三千年的遗物，但古老的传统似乎是延续下来的。巴尔胡特大塔栏楯、桑奇二塔栏楯浮雕以及桑格尔遗址出土贵霜时代的药叉石雕，也都是这样的经典姿态[5]〔2·25~27〕。

---

1 《大正藏》第四卷，页1。
2 宫治昭《桑奇一号塔塔门雕刻》（王明增译）："虽然有人指出，'二象为莲花上的女性灌顶'是表现吉祥天女'罗乞什密'的图像，但这一图像还意味佛诞的可能性，也是不可否定的。"译注："吉祥天女（Gaja-Laksmi）：音译为'罗乞什密'，在印度神话中，为命运、财富、美丽的女神。其形象为：一手持莲花，一手洒金钱，坐在莲花座上，有两只白象伴护，象征吉祥。"载《东方美术》（范曾主编），页73，南开大学出版社，一九八七年。
3 线图采自逸见梅荣『古典印度文様』，图三七四，東京美术，一九七六年。
4 王琳《印度艺术》，页24，河北教育出版社，二〇〇三年。
5 古朴等《桑格尔出土的贵霜石雕（公元一至二世纪）》[*Kushāna Sculptures from Sanghol (1st-2nd Century A.D.)*]，页92，新德里，一九八五年。

2·21 树下诞生 华盛顿弗利尔美术馆藏

2·22:1 诞生 南门正面第一横梁

2·22:2 诞生 南门正面第一横梁 采自『古典印度文样』

2·22:3 诞生局部 南门正面第一横梁

2·23 诞生 西门正面第二横梁左端下方立柱

2·24 青铜小舞女 摩亨佐·达罗遗址出土

2·25 诞生 桑奇二塔栏楯

2·26:1 诞生 巴尔胡特大塔栏楯

2·26:2 诞生 巴尔胡特大塔栏楯

2·27 药叉 桑格尔遗址出土

表现佛陀诞生的图像尚有另外一种图式——它也是先已出现在巴尔胡特大塔〔2·28〕，即莲花上面的佛母是坐姿，如东门正面第二横梁左端上方〔2·29〕、第二横梁右端下方〔2·30〕，又北门背面第三横梁左端上方短柱或曰方柱中的浮雕〔2·31〕。画面下方边框为栏楯，上方边框为城堞，两边是一对宝瓶中攀援而上的莲茎，莲茎上满生着莲叶、莲蕾和莲花。贴着下方边框是一个大宝瓶，里面对称插着向外伸展的莲茎，中央一大朵莲花，花瓣下覆，花心里坐着一手持莲蕾一手拄膝的佛母。两侧各一枝仰莲，莲花心里结出的莲蓬上站着高举水罐向下灌顶的大象。北门的一幅，方格两边是波斯样式的棱柱、覆莲式钟形柱头，柱顶一对有翼兽。画面顶端的一对水罐之间一柄伞盖，两边又各垂一穗花蔓。

对柔软、温暖的肉欲之爱和性感之美的处理，几乎贯穿了整个印度美术史。丰乳，细腰，肥臀，象征生殖的女性形象在公元前两千六百年的哈拉帕文明中就已经塑造出来，而显示着丰满、圆润、柔美的女性造型原则。梅赫尔格尔遗址出土的女人像，两鬓高耸了沉重的头饰，多重项饰之下垂坠着口袋一般鼓膨膨的乳房，细极了的腰肢下面是夸张的肥臀[1]〔2·32〕。而佛教艺术也正是从古老的艺术中生长出来，诞生图的表现方式，便仿佛越过一千多年造型艺术的空白，一下子与远古文明相接，而渗透着对生命古老的认识和理解。梵文本《神通游戏经》形容摩耶夫人曰："她正当如花的妙龄，艳丽无双。她有黑蜂似的美发，纤巧的手足，迦邻陀衣似的柔软身体，青莲嫩瓣似的明眸，曲如彩虹的玉臂，频婆果（相思果）似的朱唇，须摩那（茉莉）似的皓齿，弓形的腹，深藏的脐，坚实丰满的肥大臀部，象鼻似的美好光致的大腿，羚羊似的小腿，玫瑰胶脂似的手掌脚掌。这正是妇女中的珍珠，以其

---

[1] 乔纳森·马克·基诺耶《走近古印度城》（张春旭译），页49，浙江人民出版社，二〇〇〇年。

2·28 诞生 巴尔胡特大塔栏楯

2·29 诞生 东门正面第二横梁左端上方短柱

2·30 诞生 东门正面第二横梁右端下方短柱

2·31 诞生 北门背面
第三横梁左端上方短柱

2·32 赤陶女像
梅赫尔格尔遗址出土

2·33:1 恒河女神
贝格拉姆二号发掘现场
十号墓室出土

2·33:2 恒河女神
贝格拉姆二号发掘现场
十号墓室出土

2·34:1 牙雕 贝格拉姆二号发掘现场十三号墓室出土　　2·34:2 牙雕 贝格拉姆二号发掘现场十三号墓室出土

绝色，而得中选。"[1] 然而如此之美，与其说独属于摩耶夫人，毋宁说她是印度艺术中理想的、也是永远作为标准的女性。在印度古典时期的诗歌戏剧中，也总是可以看到这样的美人[2]。阿富汗贝格拉姆即古城迦毕试出土印度牙雕有脚踏摩竭鱼的"江河女神"及"拱门下的女人"[3]〔2·33~34〕，丰乳、细腰、肥臀、美发，"迦邻陀衣似的柔软身体""曲如彩虹的玉臂"，好似与摩耶夫人使用着同一的粉本。

1　雷奈·格鲁塞《东方的文明》（常任侠、袁音译），页217，中华书局，一九九九年
2　如戒日王《龙喜记》（吴晓铃译）第二幕，云乘太子眼中的摩罗耶婆地公主是"纤细的腰肢撑不住圆莹双玉乳，/又何必颈儿上再把环佩重束。/娇怯的双腿支不住丰润双玉股，/又何必身儿上再把经络系住。/纤细的脚趾承不住修长双玉柱，/又何必腕儿上再把镯儿紧搂"。页41，人民文学出版社，一九五六年
3　阿富汗国家博物馆藏，此为观展所摄。

第二节

四门出游

四门出游，见于桑奇大塔北门正面右柱第二格〔2·35〕。依经文，四门出游所出依次为东门、南门、西门、北门，所见为老人、病人、死人、沙门，不过大塔浮雕对此都不曾表现，而是别有重心所在。

画面右边是迦毗罗卫城的城门，上有城楼，城门中驶出一辆马车，前有侍卫，或揭壶，或持屦，末尾一人擎伞盖，马车之上、伞盖之下，空无所有。城墙内的高阁自然是宫廷，左边临槛而坐者，为净饭王，两旁有手持拂尘的宫娥。中间的殿堂顶上垂着三穗花蔓，太子之妃耶输陀罗玉立于中央，右手抚胸，眉头紧锁，若有隐忧。一边是手托水罐的女侍，另一边的并立者手臂搭伏在耶输陀罗右肩，当是太子的嫔妃。右端凭栏者为观景的宫中男女。城楼之下，背墙而立的还有两位合掌者，以表城民之围观。

四门出游的主人公，在画面中是缺席的，然而观者却能在此与工匠达成默契——马车之上、伞盖之下，便是太子所在，因为伞盖是一个鲜明的身分象征，它和拂尘均为尊贵者所有。《摩诃婆罗多》中说到战车武士迦尔纳登基成了盎伽国王，于是有"华美的伞盖擎起，犛牛尾的拂尘张开"[1]。桑奇大塔东门正面左柱的"频婆娑罗王访佛"（或作迎候佛陀）〔2·91〕，又南门左柱内侧的"贵族出行"〔2·36〕，标志主人公身分的都是一柄伞盖，前者并有举拂尘、扛水罐以及持屦的侍者。

---

1 《摩诃婆罗多·一》（金克木等译），页317，中国社会科学出版社，二〇〇五年。

2·35 四门出游 北门正面右柱第二格

2·36 贵族出行 南门左柱内侧第二格

因此这里的四门出游图虽然不表现太子，但熟悉这一表现形式的观者自可会心。

许多佛传的经文中都有关于"四门出游"的故事，而以印度佛教诗人马鸣的《佛所行赞》所述最为传神。它的梵文原本已残，所存全本为北凉昙无谶的汉译本。诗曰："众宝轩饰车，结驷骏平流。贤良善术艺，年少美姿容。妙净鲜花服，同车为执御。街巷散众华，宝缦蔽路傍。垣树列道侧，宝器以庄严。缯盖诸幢幡，缤纷随风扬。观者挟长路，侧身目连光。瞪瞩而不瞬，如并青莲花。臣民悉扈从，如星随宿王。异口同声叹，称庆世希有。贵贱及贫富，长幼及中年。悉皆恭敬礼，唯愿令吉祥。郭邑及田里，闻太子当出，尊卑不待辞，寤寐不相告，六畜不遑收，钱财不及敛，门户不容闭，奔驰走路傍。楼阁堤塘树，窗牖衢巷间，侧身竞容目，瞪瞩观无厌，高观谓投地，步者谓乘虚。意专不自觉，形神若双飞。"[1] 金克木《梵语文学史》云，这一段为梵文原本的第十三节到第二十三节，"是印度叙事诗中常用的描写手法的一个好例证，汉译使我们想起《陌上桑》中描写罗敷采桑时情景"，"原诗这一大段都是写妇女听说太子出来，争着挤着到楼窗前去看""最后（第二十三节）是：'看到了太子既富贵又美貌，这些看他的妇女都以清净的心意毫无他想地低声说：做他的妻子真幸福啊！'"只是这样的话在汉译中都不见了[2]。前举"频婆娑罗王访佛"（或作迎候佛陀）图中有作为背景的楼阁，每一层都有凭栏下望者，亦所谓"楼阁堤塘树，窗牖衢巷间，侧身竞容目，瞪瞩观无厌"，与这里的情景是差不多的。古今中外相通的世俗情感当是佛教艺术的创作基础之一，大塔浮雕便很喜欢用楼阁台观人众盈满，且争相下望的场面来制造气氛。

---

[1] 《大正藏》第四卷，页5。

[2] 金克木《梵语文学史》，页265，人民文学出版社，一九六四年。马鸣大约是一、二世纪时人。按与《陌上桑》相类的情景，也还有《世说新语·容止》篇中的纪事："潘岳妙有姿容，好神情。少时挟弹出洛阳道，妇人遇者，莫不连手共萦之。"又："卫玠从豫章至下都，人久闻其名，观者如堵墙。"

2·37 四门出游局部 敦煌莫高窟北凉第二七五窟南壁

桑奇之外的"四门出游"图,几乎很少表现颇存细节的城郭景象和楼观人物。敦煌莫高窟北凉第二七五窟南壁的"四门出游"在菩萨身后绘出层楼高阁[1][2·37],不过在此它只是一片无声的背景,桑奇浮雕中放进背景里的声息和情感,这里是不存在的。

逾城出家

逾城出家的情景,在今人译马鸣梵文本《佛所行赞》第五章《出城品》中,是一段文采飞扬诗笔如绘笔的叙事:"犍陟驹的金辔上系有新装的小铃,/美丽的金制马具装饰着飘动的长旒;/他骑上这匹良马出去,像一面/牙皂花作的旗帜插在旗杆之上。""车匠给主人牵来那匹良马,/气力充沛,迅速而有训练,/口里含着一个金制的马衔,/背

---

[1] 樊锦诗《敦煌石窟艺术全集·佛传故事画卷》(4),图六,商务印书馆(香港)有限公司,二〇〇四年。

第一章 佛传故事 43

上盖有一块薄薄的坐毡。""人杰如对朋友,给这白色骏马／交待任务,跨上它驱向林野;光辉的仪容像燎过黑迹的火焰,／又如太阳冉升在白色秋云之上。""马儿在沉静深夜里／无任何惊醒仆役的音响:双颔虚嗫而嘶咻屏息,／越过阻碍而稳步前往。""药叉们以颤动的、臂戴金镯的／像莲花似的双手的指尖,／弓着身子轻轻地捧起马的四蹄,／又像撒莲花那样把它放下。""城里各道出口都关闭了／装有笨重铁枝的大闸门,／即使狂象群也不易撞开;／但当王子走出时,它们无声地自动启开"[1]。马鸣的时代稍晚于桑奇大塔,而在大塔,先已有了写在石头上的艺术语汇很独特的叙事诗。

"逾城出家"位于大塔东门正面的第二横梁,为长卷式构图〔2·38〕。连续发展的故事情节在这里是相互连属的一个一个小单元,单元之间却无明显的分隔。景物,器具,人物,纷然杂陈,充满画面,不过以每一个场景都具有容易识别的图像特征,而能够完成曲折的叙事。

太子的爱马名犍陟。犍陟和簇拥在它周围张伞盖、举拂尘的侍卫,便是故事里太子的象征,于是在这从左向右依次展开的画幅中引导着每一个情节。

画面左端第一段是一派层楼杰阁的城郭景象,依然是大塔浮雕惯用的图式:尖拱窗、栏楯、栏边姿态各异的众人,虽然按照经文,太子逾

---

[1] 巫白慧据一九三五年E.H.庄斯顿校订本译,季羡林等《印度古代诗选》,漓江出版社,一九八七年。

2·38:1 逾城出家 东门正面第二横梁

2·38:2 逾城出家局部之一

2·38:3 逾城出家局部之二

城是在夜半。画面近端处斜撑出一柄伞盖,伞盖下依城而坐者应是净饭王。城垛下一道河水,里面有莲叶和莲花。从省略了河水的地方开始,城垛逐渐高起来,然后是一座与桑奇大塔塔门式样相同的城门,城门中出来了太子的爱马犍陟,上方一人擎伞盖,下边一人举拂尘,前有一人提水壶。犍陟的四蹄却是腾空的,因为有天神捧起马足,帮助太子悄无声息飞奔出城。

太子之出城——离父母、离妻儿、离凡俗,舍弃一切荣华富贵,果然没有丝毫眷恋么,且看浮雕中一个十分醒目的细节:城门下、城垛边,一位背身而立的男子正在回首顾望,此即太子的御者车匿。这里似乎是借用他的回身顾盼来表示太子此刻的心情。《佛本行集经》卷十七《舍宫出家品》云,"尔时太子从城门出,至外边已,回身观看迦毗罗城,出师子吼,唱如是言:'我今宁自掷弃身形,堕大石崖,饮诸毒药,而取命终,亦不饮食。若我未得随心愿求度脱众生于生死海,我终不入迦毗罗城。'其诸天闻太子如是师子吼声,皆悉随喜"[1]。则此"回身观看迦毗罗城",不能不说是刹那间的依恋,却又正好成为决绝出离的反衬而见出人情。

马头处,是第一段叙事的结束。紧接着是犍陟第二次出现,伞盖、拂尘、水壶,托举马足的四天神等细节也大致重复一遍,当然姿态各有变化。马头前方一株矮栏围护的阎浮树,此用来表示太子曾经树下观耕,"于树下得第一禅"[2],以暗喻此番离城出家之始因,即所谓"同样一幅图

---

[1] 《大正藏》第三卷,页732。又亨利·克拉克·华伦《原始佛典选译》(顾法严中译)第三节《大出离》"巴利文本生经序"关于出城回首顾望的一段文字,亦颇可读:"未来佛漫不经心地将已在掌握之中的轮王宝座丢弃——就如吐掉一口涕唾一般——之后,就光华显赫地离开了王城。那时正当阿萨尔月月的月满日(约为现行阳历七月一日),月亮在天秤座的时分。他出城之后,忽然想回头看看王城。才一转念间,大地似乎唯恐他不回身,即自行开裂,像陶工的辘轳一般向后转过身来。未来佛站定了,面对王城凝视了一会儿,指明要以那地点为'犍陟回身寺'的所在。之后他又勒转马头,向原先要去的方向,以极大的体面与荣耀继续前进。"页25,慧炬出版社,一九七〇年。

[2] 东汉竺大力、康孟祥译《修行本起经·下》云,王令太子监农,于时"太子坐阎浮树下,见耕者垦壤出虫,天复化令牛领兴坏,虫下淋落,乌随啄吞。又作虾蟇,追食曲蟮,蛇从穴出,吞食虾蟇,孔雀飞下啄吞其蛇,有鹰飞来,搏取孔雀,雕鹫复来,搏撮食之。菩萨见此众生品类展转相吞,慈心愍伤,即于树下得第一禅。"《大正藏》第三卷,页467。

片,既预示了佛陀宗教生涯的开始,也详细表现了其宗教生涯的结局"[1]。

阎浮树右,是第二段叙事的结束,于是犍陟又一次重复出现,此即所谓夜行至晓,"行四百八十里,到阿奴摩国"(《修行本起经·下》),太子即将与犍陟、与车匿分别了。从第一段起,城门上方出现欢呼赞叹的天神络绎至此,而为收束。

以下,依然是以犍陟的出现作为标志,把画面分作上下两部。上方的犍陟,面对的是伞盖与拂尘之下的一双佛足印,身边是稽首顶礼与太子作别的车匿。佛足印便象征着走向成佛之路的太子。下方的犍陟,其上已无伞盖和拂尘,并且从虚空落到了地面,一路托举马足的天神,一位在前,三位在后,推送它掉头回返。马前的车匿向着佛足的方向偏过头去,一副依依不舍之态。肩负和手提之物,是太子脱掉的璎珞与华服。不过在此之前,尚有一个太子剃发的情节。《佛本行集经》卷十八《剃发染衣品》云:"尔时太子,从车匿边,索取摩尼杂饰庄严七宝把刀,自以右手,执于彼刀,从鞘拔出。即以左手,揽捉绀青优钵罗色螺髻之发,右手自持利刀割取,以左手擎,掷置空中。时天帝释以希有心,生大欢喜,捧太子髻不令堕地,以天妙衣承受接取。尔时诸天,以彼胜上天诸供具而供养之。"[2] 桑奇大塔南门左柱内侧的第三格便是描绘如此情景的"发髻抛入天宫",或曰"佛发供养"。画面上方为天宫外景,屋顶中央一个尖拱窗,栏楯两端各一柄伞盖,以示天宫之尊。栏楯下方斜向伸出的椽子有很好的透视感,其下即是那一行很重要的铭文:"一位毗迪萨的象牙雕刻师亲自雕造并奉献。"[3] 天宫景象也显示出进深,位于中央者,一持拂尘,一擎伞盖,伞盖之下是供具中的发髻,立在右侧的合掌者为帝释天,左侧是歌舞供养的天宫伎

---

[1] 阿·福歇《佛教艺术的早期阶段·山奇大塔东门》(王平先等译),页76。
[2] 《大正藏》第三卷,页737。
[3] 林许文二等《图解桑奇佛塔》,页43,橡树林文化,二〇〇三年。

桑奇三塔

2·39 发髻抛入天宫及局部 南门左柱内侧

2·40 逾城出家
南门背面第一横梁左端

乐。发髻旁边的一位舞者头部残了半边，但犹可见出粗大的辫发从肩膀垂到腰际，身姿之曼妙，正所谓"天子天女手如妙花，柔软之状如树枝心"¹，颇教人想象伊人在鼓声中的流风回雪〔2·39〕。

"四门出游"和"逾城出家"，在大塔南门第一横梁的左右两端尚各有一小幅〔2·40~41〕，相对于北门和东门的两幅，南门的同题浮雕便有如"折子戏"，不过创作时间却是最早。

---

1 东魏般若流支译《毗耶婆问经》卷下，《大正藏》第十二卷，页231。

48

2·41 四门出游 南门背面第一横梁右端

2·42 夜半逾城 克孜尔第一一〇窟 主室右壁

东门浮雕"逾城出家"一面有场景的铺展,一面有细节的丰富和生动,此均为后来者所不备。晚于桑奇的相同题材,坐骑之上有了太子,但除此之外几乎没有新的发展,当然艺术风格是各有不同的[1][2·42~43]。此外,车匿拜别太子的场景,在犍陀罗艺术中变化为爱马吻别[2][2·44],这一图式也为敦煌壁画所用[3][2·45]。

---

1 周龙勤等《中国新疆壁画艺术》第二卷,图一〇;樊锦诗《敦煌石窟全集·4·佛传故事画卷》,图六六,商务印刷馆(香港)有限公司,二〇〇四年。
2 例一为博物馆参观所见并摄影;例二见栗田功『ガンダーラ美术·Ⅰ·佛传』(改订增补版),图一五八,二玄社,二〇〇三年。
3 《敦煌石窟全集·4·佛传故事画卷》,图六七。

第一章 佛传故事　49

2·43 夜半逾城 莫高窟第二九〇窟人字坡西坡（北周）

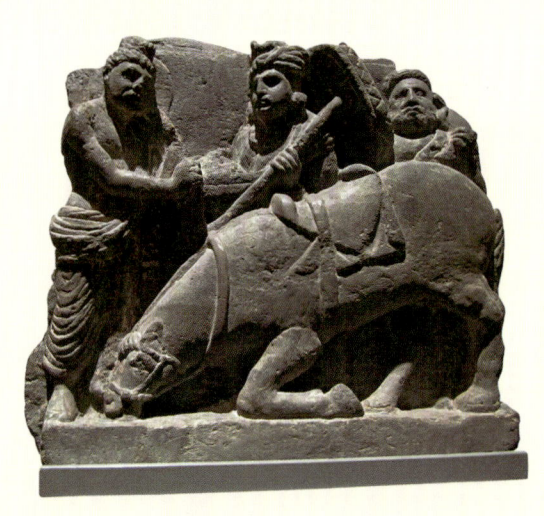

2·44:1 爱马吻别 柏林亚洲艺术博物馆藏

2·44:2 爱马吻别 美国私人藏

2·45 爱马吻别 莫高窟第二九〇窟人字坡西坡（北周）

降魔成道

逾城出家，六年苦行，世尊行将证道之前，又经历了最后一次考验，然后"降魔成道"。

降魔成道一节，是相关诸经极是形容周备的文字，如刘宋求那跋陀罗译《过去现在因果经》卷三："尔时菩萨，在于树下发誓言时，天龙八部，皆悉欢喜。于虚空中踊跃赞叹。时第六天魔王宫殿，自然动摇。于是魔王心大懊恼，精神躁扰，声味不御，而自念言：沙门瞿昙，今在树下舍于五欲，端坐思惟，不久当成正觉之道。其道若成，广度一切，超越我境，及道未成，往坏乱之。"

此魔王名波旬，波旬有三女，三女遂以妖冶之姿用为蛊惑，以乱菩萨之道心，却被菩萨发神通力，顷刻变作老妪。"尔时魔王，即自思惟，我以强弓利箭并及三女，兼以方便和言诱之，不能坏乱此瞿昙心，今当更设诸种方便。广集军众，以力迫胁。作是念时，其诸军众，忽然来至。

充满虚空，形貌各异。或执戟操剑，头戴大树，手执金杵，种种战具，皆悉备足。""或瞋目努臂，或傍行跳掷，或空中旋转，或驰步吼吓，有如是等诸恶类形不可称数，围绕菩萨。或复有欲裂菩萨身，或四方烟起，焱焰冲天，或狂音奋发，震动山谷，风火烟尘，暗无所见，四大海水，一时涌沸。"此是魔王的一方。

于时，又有天人一方。"护法天人，诸龙鬼等，悉忿魔众，瞋恚增盛，毛孔血流。净居天众见此恶魔恼乱菩萨，以慈悲心而愍伤之，于是来下，侧塞虚空。见魔军众无量无边，围绕菩萨，发大恶声，震动天地。菩萨心定，颜无异相，犹如师子处于鹿群。皆悉叹言：呜呼奇哉，未曾有也。"

再看菩萨的从容应对。"菩萨以慈悲力故，令抱石者，不能胜举；其胜举者，不能得下。飞刀舞剑，停于空中。电雷雨火，成五色华。恶龙吐毒，变成香风。诸恶类形，欲毁菩萨，不能得动。"

最后魔军溃败。"是时魔王，闻空中声，又见菩萨恬然不异，魔心惭愧，舍离憍慢，即便复道，还归天宫。群魔忧戚，悉皆崩散，情意沮悴，无复威武。诸斗战具，纵横林野。"

"当于恶魔退散之时，菩萨心净，湛然不动，天无烟雾，风不摇条，落日停光，倍更明盛，澄月映彻，众星灿朗，幽隐暗暝，无复障碍。虚空诸天，雨妙花香，作众伎乐，供养菩萨。"[1]

降魔成道之所谓"魔"，非在于外，实在于内，即它是内心的爱欲、贪婪、瞋怨等世俗之念的象征，唯有战胜内心的种种烦恼，方可达于觉悟。经文用具象化的方式把它描述得酣畅淋漓，而天神与魔鬼的战争本来是古老的婆罗门神话的流行主题[2]，如此，自然为浮雕提供了充分的创作依据和想象发挥的空间。

大塔横梁浮雕中的"降魔成道"，有北门背面第二横梁和西门背面

---

1 《大正藏》第三卷，页639～641。
2 渥德尔《印度佛教史》（王世安译），页257，商务印书馆，一九八七年。

第三横梁各一幅,两幅均如经文所述,是一左一右壁垒分明的天神、魔军两个阵营,不过前者刻画的魔军,只是表情夸张的群丑而已〔2·46〕,后者却是同于经文的一片刀光剑影〔2·47〕。画面中间是以菩提树为背

2·46:1 降魔成道全图 北门背面第二横梁

2·46:2 降魔成道局部

第一章 佛传故事

2·47 降魔成道全图及局部 西门背面第三横梁

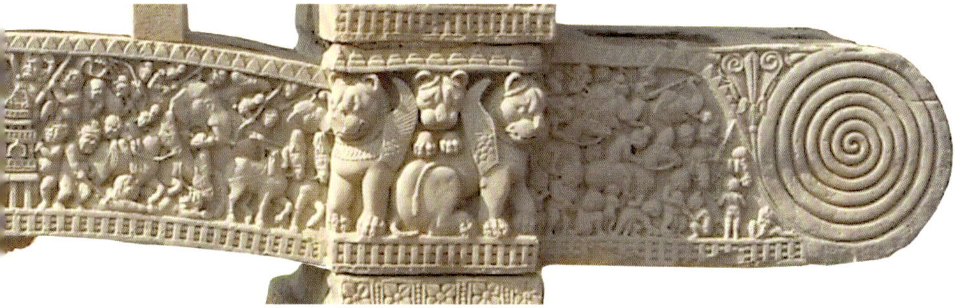
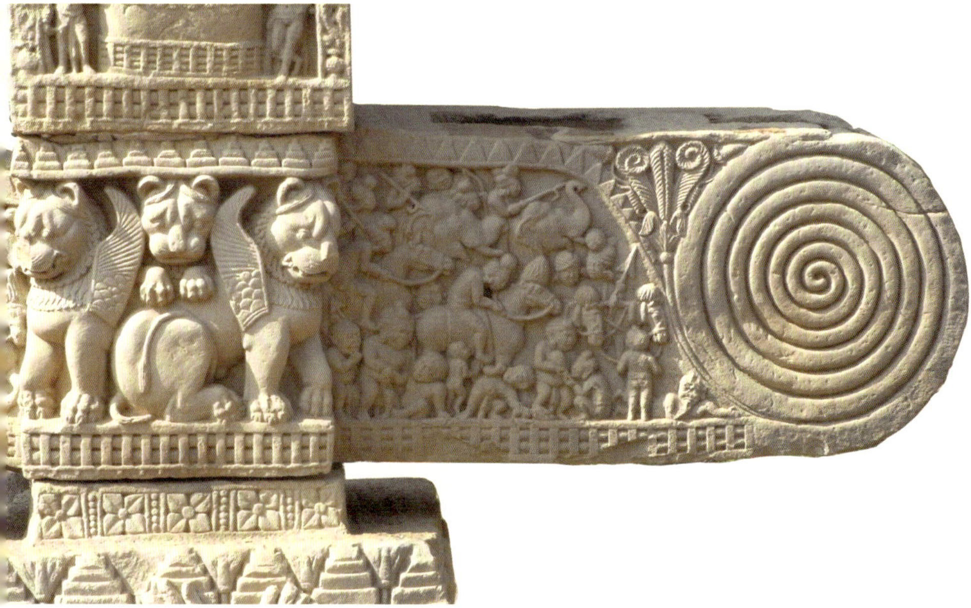
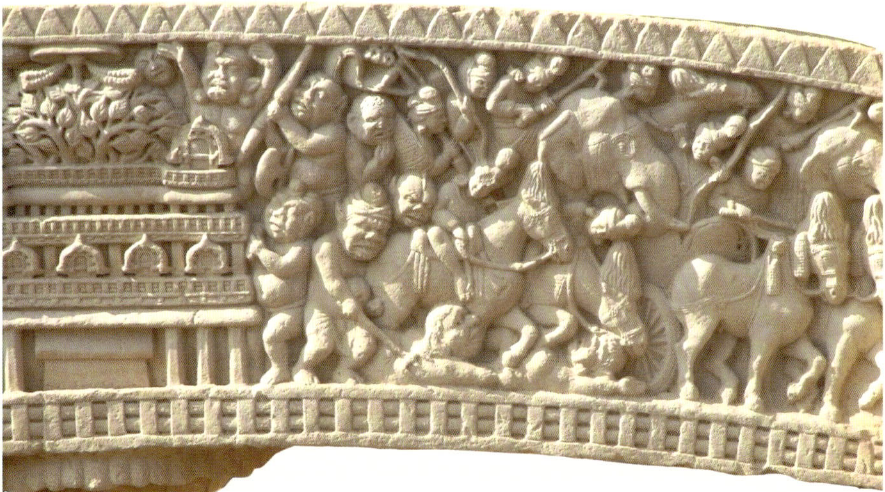

景的塔庙[1]，柱间的金刚座象征行将证道的菩萨。塔庙顶端的菩提树旁，魔王"嗔目努臂"，是所谓"狂音奋发"也，依次为持棒者，抢斧者，持叉者，挽弓者，是所谓"种种战具，皆悉备足"。不过象军、马军及车兵已成败逃之势，倒地者正被自家马蹄践踏及舞叉的自己人所伤。战车尽端的画面中断处，却不是场景的结束——越过中间的一个方柱，仍是败军的接续。上方是"悉皆崩散"的象军、马军，下方是溃不成军的步兵。兵丁之一坐在路边，有若喘息未定，兵丁之二伸手递过水瓶来。兵丁之三单手拄地，反首向上，似乎正向马军求助。兵丁之四大约力竭而止，兵丁之五因近前扶掖，正是"情意沮悴，无复威武"。塔庙之左，是护法天人、净居天众，"见此恶魔恼乱菩萨，以慈悲心而愍伤之，于是来下，侧塞虚空"，或合掌，或击鼓，赞叹欢呼。画面也是越过中间的方柱而延续至于尽端，便是密林间的天神，其后为波吒厘树、芒果树、椰子树。

天神合掌击鼓欢呼赞叹，作为图式，多次出现于大塔浮雕。西门背面第三横梁中的降魔成道，天神击鼓使用的是小鼓和细腰鼓，这也是印度世俗生活中常用的两种。东晋僧伽提婆译《增一阿含经》卷三十三《等法品》曰："若转轮圣王出现世间，尔时便选择好地而起城郭。……尔时，彼地城中有七种音声。云何为七？所谓贝声、鼓声、小鼓声、钟声、细腰鼓声、舞声、歌声，是谓七种声。尔时，人民以此恒相娱乐。"[2]

同题浮雕，大塔西门右柱内侧第一格尚有一幅，不过"魔"的一方只是用了角落里魔王的头部和几个牛头马面、象头狮面来表示，其余尽为护法天人、净居天众。画面上方伞盖下的菩提树，便是菩萨成道之象征〔2·48〕。"天无烟雾，风不摇条，落日停光，倍更明盛，澄月映彻，众星灿朗，幽隐暗暝，无复障碍"，心之澄明，则全凭观者意会了。

---

[1] 马歇尔看出这里的图像设计有误——"中间用空座代表佛陀、座后的菩提树穿过一个露天寺庙的顶部生长在外面，而这寺庙是后来的阿育王绕树建造的，可见这里犯了年代错误"〔约翰·马歇尔《犍陀罗佛教艺术》(王冀青译)，页11〕。

[2] 《大正藏》第二卷，页731。

2·48 降魔成道 西门右柱内侧第一格

  大塔浮雕"降魔成道"中的视觉刺激，集中于"形貌各异"又"种种战具，皆悉备足"的魔军，这种颇有戏剧性的表现形式，成为佛传故事中传播最为久远的图式，由犍陀罗而龟兹而敦煌，一直延续下来。

  二〇一一年深秋，重访印尼爪哇兴造于八至九世纪的婆罗浮屠，这一次特别注意了雕刻在塔群中的佛传故事，如"逾城出家""割发""降魔成道"［2·49~51］。这时候不免有心中的桑奇影像跳出来和它作比，石质的不同，构图与表现形式以及艺术风格的不同，自然使浮雕各具风貌，而桑奇石雕如牙雕一般的精细，似乎是唯一的。

2·49 逾城出家 婆罗浮屠浮雕

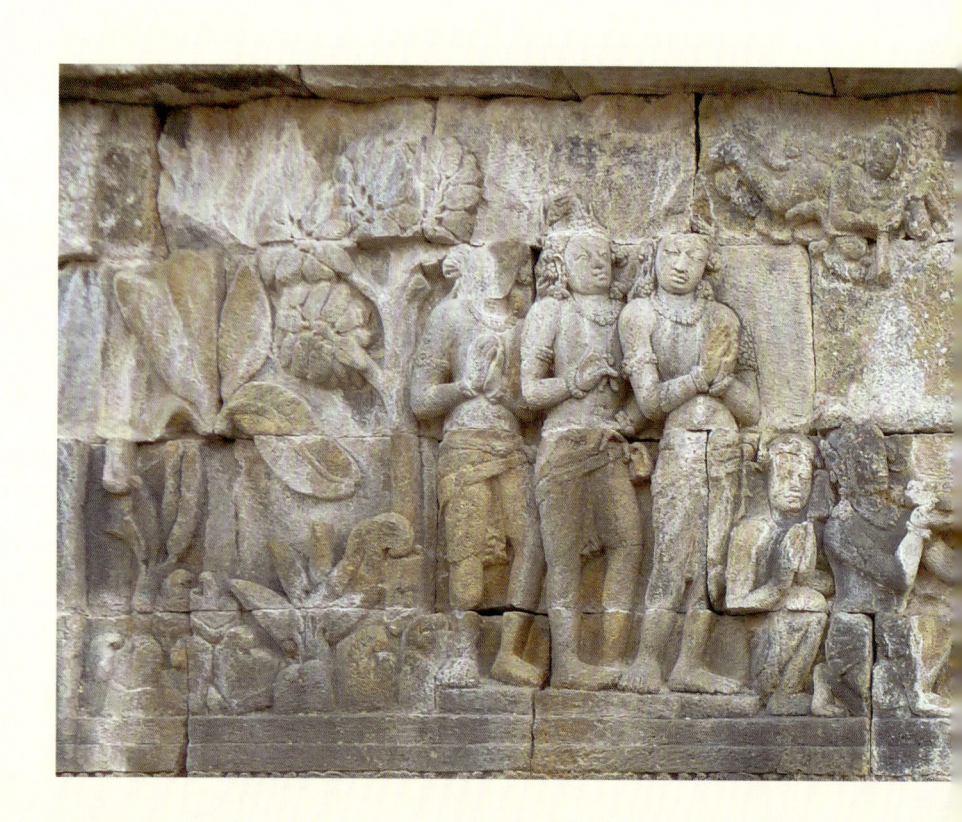

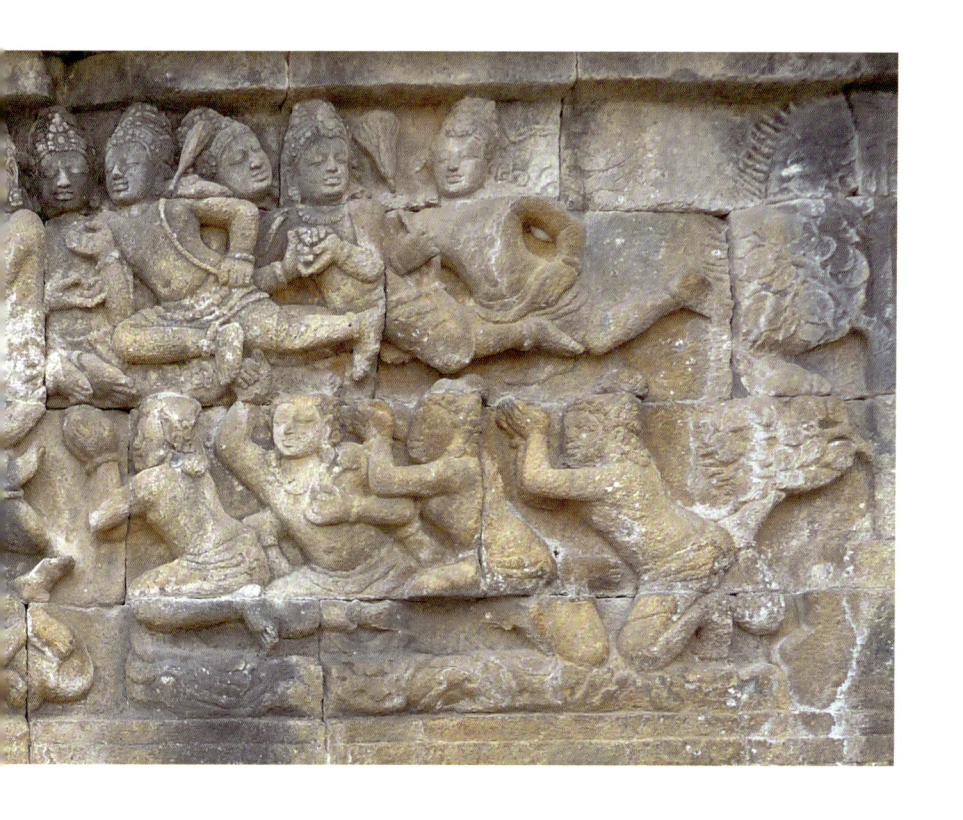

2·50 割发 婆罗浮屠浮雕

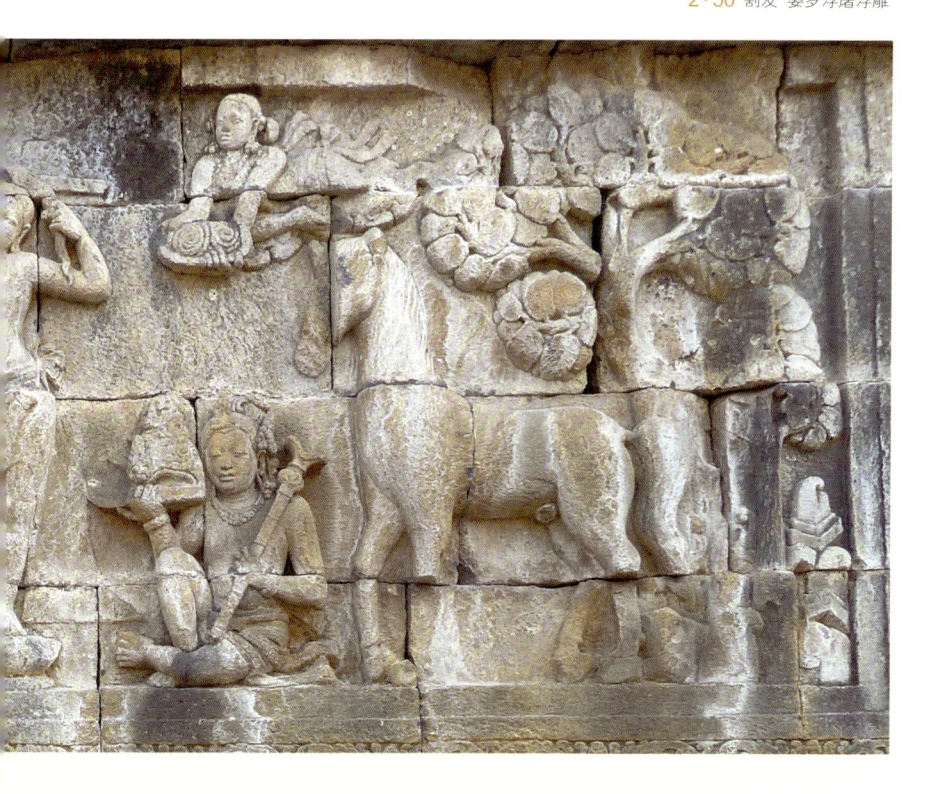

2·51:1 降魔成道 婆罗浮屠浮雕

2·51:2 降魔成道局部 婆罗浮屠浮雕

第三节

正觉(成道)

菩萨战胜魔军,正觉于菩提树下。马鸣《佛所行赞·转法轮品》"人之所应觉,举世无觉者;我今悉自觉,是故名'正觉'"[1]。

觉悟之后,世尊却依然端坐于原地,禅定思惟。刘宋求那跋陀罗译《过去现在因果经》卷三曰:"大梵天王见于如来圣果已成,默然而住,不转法轮,心怀忧恼。"于是自天宫而至如来所,"头面礼足,绕百千匝。却住一面,胡跪合掌,而白佛言:世尊往昔,为众生故,久住生死,舍身头目,以用布施,备受诸苦,广修德本,始于今者,成无上道。云何默然,而不说法?众生长夜,没溺生死,堕无明暗,出期甚难";"惟愿世尊,为斯等故,以大悲力,转妙法轮。释提桓因乃至他化自在天,亦复如是,劝请如来,为诸众生,转大法轮"。世尊答言:"我亦欲为一切众生转于法轮,但所得法,微妙甚深,难解难知。诸众生等不能信受,生诽谤心,堕于地狱。我今为此故,默然耳。"于是梵天王等乃至三请。"尔时如来,至满七日,默然受之。"[2] 据郭良鋆《佛陀和原始佛教思想》,在巴利语《中尼迦耶》第二十六《圣求经》和律藏《大品》中,佛陀自述得道后,他思忖道:"我获得的这种法,深刻,难以洞察,难以理解,平静,微妙,不可思议,精密,惟有智者能知。而这个世界,众生喜好欲乐,热衷欲乐,耽于欲乐,难以洞察这种缘起,难以理解平息一

---

[1] 《大正藏》第四卷,页29。
[2] 《大正藏》第三卷,页643。

切行，放弃一切依，根除一切贪，离欲，灭寂，涅槃。如果我宣示这种法，别人不理解，我枉费精力，徒添麻烦。"郭良鋆解释道，"梵天劝请说法，形式上是神话。但佛陀相信五道（天、人、牲畜、恶鬼和地狱）轮回，相信天神的存在。在沉思入定中，很可能会出现这种幻觉。而实际上，这是反映佛陀本人内心的思想冲突，他在自己说服自己为众生说法"[1]。那么也可以说，它与降魔成道所经历的内心冲突，是相似的心路历程。而以世尊所处各种学说并起且相互排斥的时代，他的犹豫并非没有道理。后来世尊的大弟子目犍连年老的时候出外弘法，竟被裸形外道用乱石砸死，可见其时各派纷争之激烈。

对图像来说，思想活动已是很难表现，何况还要遵循不出现佛陀的原则，于是只好使用各种象征物，如佛陀一生的四件大事：诞生、正觉、说法、涅槃，便是以坐在莲花上的摩耶夫人代表诞生，道树和道树下的金刚座表示正觉；法轮、菩提树和鹿，象征初次说法亦即鹿野苑初转法轮；窣堵婆象征涅槃。而作为佛教象征物的几项重要符号——法轮、三宝标、菩提树、浮屠——已先此数百年出现于印度钱币[2][2·52~54]。一个格外引人注意的实例，是阿富汗北部席巴尔干的蒂利亚·泰佩四号墓出土一枚印度金币，金币背面为狮子和三宝标，正面是用手旋转法轮的人物，上面刻有"转法轮者"的佉卢文铭[3][2·55]。其时代约当一世纪上半叶后期，墓葬的主人为大月氏人。宫治昭认为，"这是与转轮圣王一体化的最初期

---

1 郭良鋆《佛陀和原始佛教思想》，页54～55，中国社会科学出版社，一九九七年。关于前来"劝请"的"梵天"，郭氏曰："在佛教神话中，天神都将佛陀视为尊师，经常来聆听佛陀说法。天神的功能也与婆罗门教神话迥然有别。在婆罗门教神话中，梵天是创世神。而在佛教神话中，梵天是一个天神群体。……在巴利文三藏中，经常提到的一位梵天名叫娑诃主（Sahampati，或译娑婆主）。佛陀觉悟成道时，曾担心佛法精深微妙，世人难以理解。正是娑诃主梵天前来劝请佛陀说法，促成佛陀'初转法轮'。此后，他一直关心佛法和僧团，经常前来拜访佛陀。"同书，页168。

2 《印度钱币艺术》第二卷（*Numismatic Art of India*, Volume II），图二三、图三九、图四九，新德里，二〇〇七年。

3 阿富汗国家博物馆藏，此为观展所摄。

2·52 印度钱币 公元前五至前四世纪

2·53 印度钱币 公元前二世纪

2·54 印度钱币 公元前二至前一世纪

2·55 印度金币 蒂利亚·泰佩四号墓出土

2·56 正觉 南门正面
第一横梁下左短柱

2·57 正觉 南门背面
第一横梁下右短柱

的佛陀像","反映了最初时期的佛陀形象与转法轮的密切关系"[1]。

桑奇大塔浮雕中的"正觉"图有多幅，如南门左柱正、侧面以及正、背两面横梁的上下短柱〔2·56~59〕，又西门正面第二、三横梁的上方短柱〔2·60~61〕。虽然包含着叙事的成分，但同时也带有装饰意义。它的基本构图，为金刚座与道树，又飞翔的天人和礼佛的男女。道树上有伞盖、下垂花蔓。天人上半身是人，下半身是鸟，腰间张一对翅膀，身后竖起一屏尾羽，手里挽着璎珞或花蔓，虽然看起来肉身沉重，但尾羽高翘，却是起舞飞翔的样子。画面之外，便为程式化的装饰框。此中具有图像特征的几个构图因素，在巴尔胡特大塔[2]、桑奇二号塔栏楯浮雕中已经出现〔2·62~63〕，二号塔的浮雕安排在栏楯立柱，因此是一个竖长的画框。下方为一只长鼻卷起如意蔓的大象，大象身后一只鸟，如意蔓的弯拱处垂着粗大的璎珞，还拢了一只翘着犄角的奔牛，其端的花蔓合抱处，两人托起金刚座。它的可爱，不在于叙事，而在于装饰意趣。桑奇三号塔南门左柱同题浮雕，则是大塔图式的延续〔2·64〕。

---

1 宫治昭《犍陀罗美术寻踪》（李萍译），页73，人民美术出版社，二〇〇六年。
2 今藏加尔各答博物馆，照片为参观所摄。

2·58 正觉 南门背面第二横梁下左短柱

2·59 正觉 南门左柱内侧

2·60 正觉 西门正面第二横梁上方短柱

2·61 正觉 西门正面第三横梁上方短柱

2·62 正觉 巴尔胡特大塔栏楯浮雕

2·63 正觉 二号塔栏楯立柱

2·64 正觉 三号塔南门左柱

据巴利语律藏《大品》和《小尼迦耶》的《自说经》记载，佛陀在尼连禅河边菩提树下得道后，在原地停留了四个星期。"第一个星期，他在菩提树下坐禅，享受解脱的快乐"，且反复温习他的"缘起说"；"第二个星期，他从菩提树移至阿迦波罗榕树下坐禅，享受解脱的快乐"，且回答来至面前的婆罗门的问话；第三个星期，"他从阿迦波罗榕树移至真邻树下坐禅，享受解脱的快乐。在那里，遇上暴雨，蛇王目真邻陀盘身保护佛陀，并以蛇冠充作雨伞"；第四个星期，"他从目真邻陀树移至罗阇耶多那树下坐禅，享受解脱的快乐。多波萨和跋履迦两位商人路过这里，向佛陀供奉炒面粉和蜜"[1]。大塔浮雕几幅"正觉"图中的道树和菩提树之外，又有尼拘律树、芒果树、波吒厘树，或许也包含了树下坐禅场景不同的意思。

蛇王目真邻陀，《根本说一切有部毗奈耶破僧事》卷五译作牟枝磷陀龙王，曰尔时世尊"从菩提树下起，往牟枝磷陀龙王池边，坐一树下念三摩地。时此池中合有七日雨下，牟枝磷陀龙王，知七日雨下不绝，从池而出，以身绕佛七匝，引头覆佛头上"[2]。桑奇大塔西门左柱内侧第二格"龙王礼佛"，便是表现这一情景〔2·65〕。画面上方的华盖、道树、金刚座，代表佛陀之在场。道树两边是一对手持花蔓飞起在半空的半人半鸟和骑着有翼兽的一对天女，金刚座下的水池中是龙王和他妖娆多姿的王妃以及宫廷伎乐，个个头顶张着蛇冠，龙王之冠则为五头蛇。虽经文云"池"，但如此景象，却很可以把它想象作龙宫，后来犍陀罗浮雕佛传故事中表现太子出家前的"宫廷生活"图，与此正是相仿。此外，这里还可以看到一个很有意思的细节，即正面看来的所谓"蛇冠"，由图中右下方背对观者的击鼓人，却可见出它原是一条从伎乐的臀部向上攀升的蛇，好似戏剧里的化妆。桑奇二号塔栏楯浮雕有五头分张的龙

---

1 郭良鋆《佛陀和原始佛教思想》，页53。
2 《大正藏》第二十四卷，页126。

2·65 龙王礼佛 西门左柱内侧第二格

2·66 桑奇二号塔栏楯浮雕

王之"真身",似即包含着"以身绕佛七匝,引头覆佛头上"的象征意味〔2·66〕,龙王的造型也由此形成图式。新疆克孜尔石窟第八〇窟主室券顶左侧壁画"龙王护佛"图,是忠实于经文的绘笔[1]〔2·67〕,龙王五头分张的样子与桑奇浮雕的相似,是一眼可以认出来的。

桑奇大塔东门右柱内侧第一格浮雕,与"正觉"的图式颇为接近,不过下方多了一位王侯妆束、背向观者而稍稍侧首的礼佛者〔2·68〕。所表现的内容,或曰为"净饭王礼佛",或曰为"梵天劝请",不过就表现情境来看,似以前者为是,即王侯妆束者为净饭王。如果这一认识能够成立的话,那么也就可以说,桑奇大塔没有"梵天劝请"的图像。

在犍陀罗艺术中,"梵天劝请"却是出现最多,如斯瓦特博物馆、

---

1 新疆龟兹石窟研究所《中国新疆壁画·龟兹》,图一一七,新疆美术摄影出版社,二〇〇八年。

2·67 龙王护佛 克孜尔第八〇窟主室券顶左侧

2·68 净饭王礼佛 东门右柱内侧浮雕

柏林亚洲艺术博物馆所藏两件石雕[1]〔2·69~70〕。也就是在这时候，梵天才有了比较固定的表现形式，即头顶挽髻，或长发披肩，通常身无佩饰，多半颔下长须，手持净瓶。选取这样的图像特征，大约是因为以代表"梵"的婆罗门形象作为梵天的创作原型[2]。在犍陀罗艺术的"梵天劝请"中，往往还有也已经具备图像特征的帝释天，即头戴冠巾或宝冠，缀耳环，佩项饰，通常手持金刚杵，而与梵天一起组合为一对守护神。帝释天来源于《梨俱吠陀》中的因陀罗[3]，慧琳《一切经音义》卷二十二曰："因陀罗，此云帝也。"

"梵天劝请"的图像在东传过程中一路不断变异和衰减。龟兹壁画中的"梵天劝请"，或据《太子瑞应本起经》绘出，而突出表现弹奏箜篌的五髻乾达婆[4]。至于敦煌壁画中的佛传故事，已经很少表现这一内容。莫高窟第六十一窟北壁下部佛传故事中的一幅，是不多见的一例。佛陀坐在金刚座的莲花上，一身帝王装束的梵天跪地劝请[5]〔2·71〕。其上之幅，则为"二商奉食"，即前引经文所谓"多波萨和跋履迦两位商人路过这里，向佛陀供奉炒面粉和蜜"。第六十一窟的时代为五代。

---

1 前件，见《巴基斯坦：交融之地——一至六世纪犍陀罗艺术》(*Pakistan: Terre de rencontre Ier-VIe. Les arts du Gandhara*)，图二二，巴黎吉美博物馆二〇一〇年；后件为参观博物馆所摄。
2 梵天的来源，可以追溯到古老的吠陀时代，即《吠陀》中非人格的中性原理的"梵"。之后，"在《奥义书》中，随着梵的宇宙创造论的权威化，中性原理的梵被神格化、拟人化，成为男性婆罗贺摩（梵天），被当作造物主一样看待。佛教兴起之际，梵天作为世界的创造神和精神世界的最高神而受到信仰"。宫治昭《涅槃和弥勒的图像学——从印度到中亚》（李萍等译），页176，文物出版社，二〇〇九年。
3 宫治昭《涅槃和弥勒的图像学——从印度到中亚》，页176。因陀罗为梨俱吠陀最大之神，系自母侧而生，父为天神（名第亚），因陀罗手持雷杵，杵系铁制，乘金色车作战（汤用彤《印度哲学史略》，页3，中华书局，一九八八年）。
4 周龙勤等《中国新疆壁画艺术》（二），图九四、一九七。
5 樊锦诗《敦煌石窟全集·4·佛传故事画卷》，图一五二。

2·69 梵天劝请 斯瓦特博物馆藏

2·70 梵天劝请 柏林亚洲艺术博物馆藏

2·71 梵天劝请 莫高窟第六十一窟下部（五代）

初转法轮

"梵天劝请"——或者不如说是世尊反复思考——的结果，决定改变最初的目标，即由解脱个人的苦恼而扩展为解脱众生的苦恼，既然"此有故彼有，此生故彼生；此无故彼无，此灭故彼灭"，个体同宇宙万有原是相存相依，那么也只有解脱众生才能解脱自己。于是有鹿野苑初转法轮。

世尊当年逾城出家，在苦行林中陪侍他的有陈憍如等五人，他们曾因世尊苦修时接受了农家女的乳糜供养而以为他退转道心，遂离他而去，此际便正在波罗奈国的鹿野苑修苦行。世尊因此行至彼处，率先度化陈憍如等五侍者。

吕澂《印度佛学源流略讲》："佛徒称释迦成道后初次宣传他的学说为初转法轮。法轮是比喻，印度有个传说，谁能统治全印度，自然会有'轮宝'出现，它能无坚不摧，无敌不克。那个得着'轮宝'的统治者便被称为转轮圣王。释迦未出家前原有两条道路好走，一是做转轮王（政治上的统治），一是做法轮王（思想上的统治）。把佛的说法称为转法轮，即含有这种意义，同时也显示释迦所悟的为最高原理。"[1] 鹿野苑，在波罗奈国。玄应《一切经音义》卷十六："昔日如来与提婆达多俱为鹿王，各领五百余鹿在此林中。时王出猎，尽欲煞之，中有雌鹿怀子垂产，菩萨鹿王以身代之，王感仁慈，尽免其命，即以此林用施诸鹿，鹿野之号自此兴焉。"

与"正觉"图相同，"初转法轮"图在桑奇二号塔栏楯浮雕中也已经有先例。画面安排在入门处的立柱，底端一对狮子，两只狮子中间卧着一只鹿。对狮的上方一男一女托举圆轮，圆轮下面一个背身而坐的女子，上面两个托举金刚座的力士，力士中间有一合掌礼敬者，金刚座上是两侧探出莲花枝的圆轮和三宝标上的法轮。法轮外缘一周小小的三宝

---

[1] 吕澂《佛学论著选集》卷四，页1928，齐鲁书社一九九一年。

2·72 初转法轮
二塔栏楯立柱

2·73 初转法轮
南门正面左柱第一格

2·74 初转法轮
西门正面第二横梁

标,两边各垂一穗花蔓〔2·72〕。

桑奇大塔南门正面左柱第一格、西门正面第二横梁,都有"初转法轮"图〔2·74〕,而南门左柱法轮的雕刻尤为精细〔2·73〕。画面仍是以栏楯为下端边界,栏楯上方是柱础周围闲步觅食的鹿群。擎举法轮的一根柱子几乎贯通整个画面,覆莲式的钟形柱头上面一个三十二辐的巨型法轮,小小的三宝标环绕于法轮外缘,法轮两侧飞起手持花蔓半人半鸟的天人。法轮下方站立两排礼佛者,第一排的八人是四天王和其眷属。图案两侧边框内装饰从摩竭鱼口中伸展出来又合抱于法轮两边的如意蔓,法轮上方的一柄双重伞盖高高举起在画框之外。

2·75 初转法轮
三塔南门背面左柱

2·76 初转法轮
鹿野苑博物馆藏

　　大塔和二塔两相比较，二塔浮雕的人物造型更为稚拙，本土风格也更为浓郁。标志鹿野苑的一只卧鹿安排在一对狮子下面，最觉得有意思。三塔南门背面左柱的同题浮雕，依然是大塔浮雕图式的继承〔2·75〕。

　　贵霜王国时期，不表现佛陀的传统被打破——在犍陀罗和马图拉的佛教艺术中，几乎同时出现了佛陀的形象[1]，"初转法轮"自然是重点表现的题材，两地也各有出色之作。佛造像中，桑奇图像的格局依然有所延续，不过若干构图要素由占据主要位置而退居四隅。比如鹿野苑出土笈多王朝时期的《初转法轮》[2]〔2·76〕。背光上方的一对飞天，佛座下的法轮、卧鹿、合掌礼佛者，在这里，犹可见出我们已经熟悉的"桑奇因素"。今天已经很难确切考订哪一尊造像是佛陀的第一次出现，而形象的被认可，想必也会经历一个过程。至于这一尊，则已是造像艺术发展成熟时期的杰作。佛陀曲眉丰颊，眼睑低垂，口尚未言，神有所注，这是由"初"字引发的气韵精神，颇可教人想象曾经的太子、今日的觉悟者开示众生的最初一刻。

1　二者究竟孰先孰后，学界的认识尚未统一，各家意见的大致情况见宫治昭《犍陀罗美术寻踪》，页49～62。
2　《古代印度的黄金时代——笈多王朝》(*L'Âge d'Or de l'Inde classique, l'Empire des Gupta*)、页49，法国国家博物馆联合会，二〇〇七年。

第四节

桑奇大塔是先有大塔,后有塔门,且四座塔门是在大约百年内相继建造起来,因此全部塔门浮雕并没有一个整体的安排,而是每座塔门自成格局。

南、北、东、西四座门,东门时间晚于南、北两座门。东门浮雕的故事中,没有本生,只有佛传:诞生、出家、正觉、初转法轮、降伏毒龙、尼连禅河奇迹、回到迦毗罗卫城、舍卫城神变、涅槃,世尊一生的重要行历,东门浮雕中表现最多。阿·福歇《山奇大塔东门》一文对此曾有详细的解读[1]。此外,举世闻名的桑奇药叉女,便是东门横梁下的斜撑,它也是印度美术史中的经典作品之一[2·77~78]。

降伏毒龙

世尊自始至终强调的是自身之修为,并不提倡以神通而现奇迹。汤用彤《印度哲学史略》云:"释迦处处以自身修养诏人。智慧所以灭痴(无明)去苦,禅定所以治心坚性,戒律所以持身绝外缘。至若神通,虽为禅定之果,虽为俗众所欣慕,并不为佛所重视。《长阿含·坚固经》曰:佛复告坚固,我终不教比丘为婆罗门长者子居士而现神足上人法也,我但教弟子于空闲处静默思道(神足者,神通;上人法,犹言超人法术也)。"[2] 佛经载世尊所现之种种神通,诸如降伏毒龙、尼连禅河奇迹、

---

1 见所著《佛教艺术的早期阶段》(王平先等译),页47~81。"山奇",即桑奇之别译。以下本篇所引福歇语,皆出此文。
2 《印度哲学史略》,页53。

2·77 大塔东门

2·78 大塔东门局部

舍卫城神变，等等，都是早期行为，似有不得已。以画面不出现奇迹之主角的缘故，在桑奇浮雕，这些故事画面便更像是生活场景的移用。

降伏毒龙，是"三迦叶皈依"的组成部分。三迦叶，乃三兄弟。老大名优楼频迦叶，已经一百二十岁。优楼频，又作优楼频螺或优娄频罗，意译为木瓜林，其地在菩提伽耶之南、尼连禅河之畔。老迦叶生长于此，因以为名。又以其发式为螺髻，或称螺发梵志。梵志，是婆罗门的意译，通常指出家修行或林栖生活的婆罗门。尚未皈依佛陀之前，三兄弟皆信奉事火外道，老大有弟子五百，老二、老三各有弟子二百五十。尼连禅河中下游是他们的势力范围。义净译《根本说一切有部毗奈耶破僧事》卷六云，于时世尊念道，"我今往彼为说妙法，令众多人获大胜利"，可知此行之意义。其时三迦叶为摩揭陀国颇有名望的长老，归信者云集，若得度化此三人，对佛教的传播自然会很有影响。然而老迦叶作为在此一地威望甚著的宗教领袖，如何能够轻易征服呢，因此不得不略施神通。

于是世尊来至老迦叶的住所，希望能够在他的火室借宿一夜。答曰：非我不借，火室中有毒龙，恐相损害。对曰：我请室中毒龙不相损害。老迦叶道：那么，就请便罢。

由《根本说一切有部毗奈耶破僧事》中的描述，很可见出此番作为的波澜叠起："尔时世尊，于初夜分洗手足已，便入火室。如常敷草，结跏而坐，正念不动。时彼毒龙，遥见世尊，心生嗔怒，便吐毒烟。时佛世尊，以神通力从口出烟，遮彼毒烟。时彼毒龙见佛出烟，嗔心猛炽，遍身出火。尔时世尊，为欲调伏彼毒龙故，入火光三昧，遍身出火，于其石室猛火炽然。时彼迦叶，于中夜分从本处出，观其星宿，遥见石室火焰炽然，便作是念：大沙门乔答摩颜貌端政，苦哉苦哉不用我语，今被毒龙火烧成灰。告诸弟子：汝等各各将水灭火救大沙门。尔时世尊知迦叶意，便作是念，为欲调伏彼毒龙故，更入三昧，出种种火光，灭毒龙火不损龙身。时彼毒龙见种种火，心生怖畏，来诣佛所。便入钵中盘

身而住。……"¹

桑奇大塔的"降伏毒龙"图安排在东门正面左柱内侧第二格，不过第一格的内容也与此有关，福歇说，这里"表现的是乡村小镇优楼频罗（即苦行林）"。"在左边，女人们在自己棚屋的门槛边做家务活；一个妇女用一个大杵在木臼中舂米；另一个妇女在用一个铲形簸箕簸米；旁边的两个人物，一个在铺面粉糕饼，另一个在研磨咖喱粉，研磨咖喱粉的邻居似乎因为坐在她身边男人的（可能是谈情说爱的）谈话而心烦意乱"。所谓"研磨咖喱粉"的解读，当然是出于想象，虽然这种复杂的香料混合物的确是印度特产。画面中，尚有城楼、莲池、牛群和羊群，凭窗下望者，挑担者，池边汲水和城门边挟着水罐的女子。唯有中间的金刚座和垂着花蔓的伞盖，表明世尊之在场。两边合十而立的一对供养人，福歇认为是梵天与帝释天〔2・79〕。依此说，那么这里表现的便是世尊来至苦行外道的木瓜林，或概称苦行林。

下方的"降伏毒龙"图，更是充满细节的故事场景。占据主要画面的一座六角建筑，是老迦叶的火室，室中一具高脚火盆，在此象征外道供奉的火神。圣火后面的金刚座代表佛陀，上方是五头毒龙。火室外的屋顶周围，布满芒果树、棕榈树、菩提树，树间有猴子和孔雀。开在屋顶的两扇尖拱窗窜出火苗，乃世尊入火光三昧，遍身出火，而"石室猛火炽然"也。火室外站着围观的老迦叶和他的弟子们，是老迦叶方念"苦哉苦哉不用我语，今被毒龙火烧成灰"也。又经文所谓"告诸弟子：汝等各各将水灭火救大沙门"，莲池边，二人负水罐，一人俯身取水，当即此意。池畔一片香蕉林，林边一槲树叶覆顶的圆形小屋，似即佛经中常常提到的"叶屋"或"草叶屋"²。福歇认为，这里表现的是一

---

1 《大正藏》第二十四卷，页131。
2 如《长阿含经》卷二十一《无刺经》："一时，佛游鞞舍离，在猕猴江边高楼台观"，此诸名德"亦游鞞舍离猕猴江边高楼台观，并皆近佛叶屋边住"。又卷三十九云"作草叶屋而学禅"。《大正藏》第一卷，页560、页676。

2·79:1 苦行林
东门正面左柱内侧第一格

2·79:2 苦行林局部一

2·79:3 苦行林局部二

位苦行者在向大迦叶报告情况。他并且注意到画面中,"一条带子绕过大迦叶的膝盖和腰部"。草叶屋的外面一道河流,中有莲叶、莲花和受了惊扰的水禽。取水救火二人之外,又有一人在水波中载沉载浮,据云这是打算洗浴的苦行者。他的上方一个狭小的空间里,挤满了火盆、水罐、水勺,伸着头的猪、牛、鹿,还有大象,两头牛似在引颈而鸣。左边扛水罐者的身旁尚有一只扬着头的小猴子。颇具幽默感的工匠似乎是

第一章 佛传故事 79

在用动物表情来传感潜藏在场景中的种种"奇"〔2·80〕。

图中"一条带子绕过大迦叶的膝盖和腰部",此带,与释典中名曰"禅带"者颇为相似。《释氏要览》卷下"禅带"条曰:"此坐禅资具也。经云用韦为之(熟皮曰韦),广一尺,长八尺,头有钩。从后转向前,拘两膝令不动,故为乍习坐禅易倦,用此检身助力故,名善助。用罢屏处藏之。"[1] 无著道忠《禅林象器笺·服章门》曰:禅带,"修禅定时,以带绕束腰,便于澄虑矣"。它在桑奇大塔浮雕也多次用于苦修者,如"须大拏本生"中流放山中的太子,"睒子本生"中的睒子之父,"独角仙人本生"的独角仙人之父。后世的佛教艺术里,禅带时常出现,如印度阿旃陀石窟第一窟壁画摩诃杰那卡本生(Mahājanaka Jātaka)中的公主[2]〔2·81〕。壁画创作时间约在六世纪与七世纪中叶之间。印尼爪哇岛建造于八至九世纪的婆罗浮屠浮雕中,也多见此物[3]〔2·82〕。但它似乎没有留下向东传播的痕迹。

"降伏毒龙"的下方,即左柱内侧第三格浮雕,福歇认为表现的是隐居修行生活,而为奇迹故事的一部分。

画面上半部是林木中栏楯围绕的一座塔,下方为各司其事的七个婆罗门。右边劈柴者二人,其一方挥臂运斤,其一已将斧刃嵌进木柴,中间两人点火和扇风,左边一人手持祭杓坐在火盆之侧,上方一人扛木头,一人挑担子〔2·83〕。

这里的情景及用具,颇类《奥义书》中的一番形容,"如有求某一宝物者,当在圆月或新月之夜,在上弦半月中,吉祥星象下,燃火如仪,周边扫除,散布圣草,咒言洒水,如法为之已,屈其右膝,以祭杓或以木杯,或以铜盂,斟酥油而灌于火",向之而祝云云[4]。马鸣《佛所行赞·入苦行林品》记太子出家后在苦行林中所见情状曰:"见有事火者,

---

[1] 《大正藏》第五十四卷,页297。
[2] 《阿旃陀》(*AJANTA*),页88,新德里(英文版),一九九六年。
[3] 照片为实地考察所摄。
[4] 《五十奥义书》(徐梵澄译),页42,中国社会科学出版社,一九八四年。

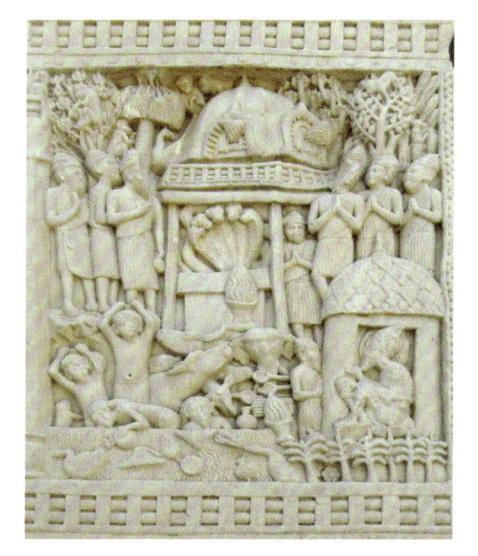

2·80:1 降伏毒龙及局部 东门正面左柱内侧

2·80:2 降伏毒龙及局部一

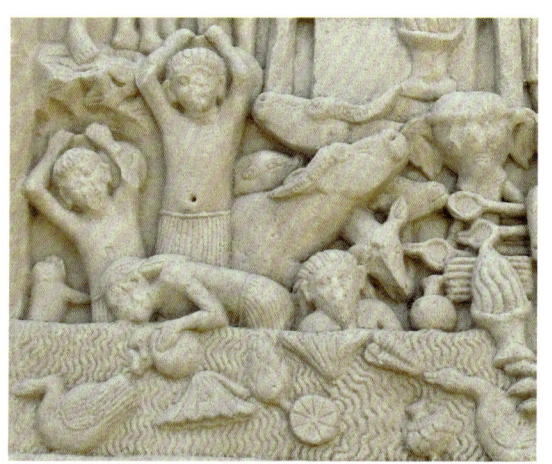

2·80:3 降伏毒龙及局部二

2·81 公主的禅带 阿旃陀石窟壁画

2·82 婆罗浮屠浮雕

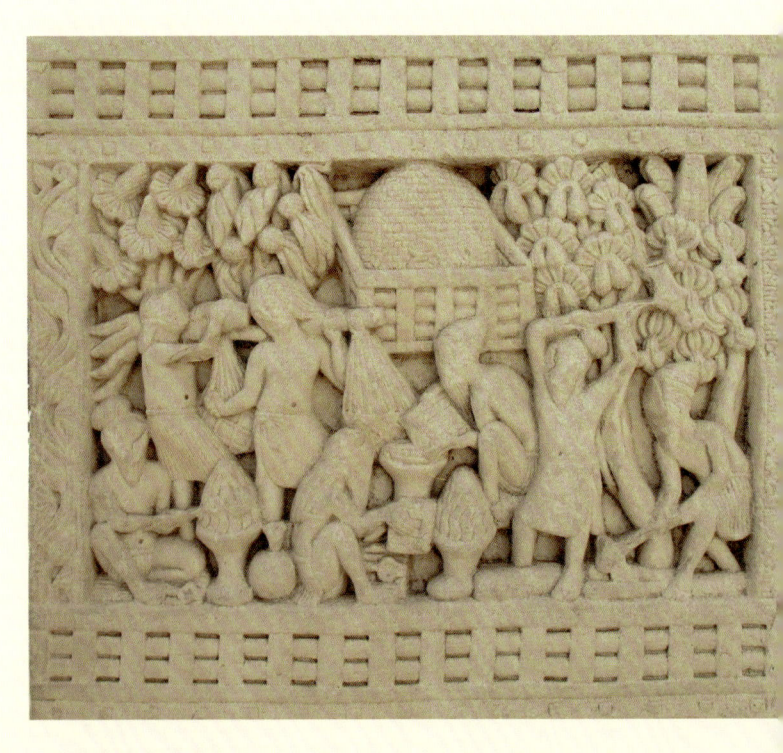

2·83 事火外道 东门正面左柱内侧

或钻或吹然,或有酥油洒,或举声咒愿,如是竟日夜。"[1] 向火中洒酥油,当即左边火盆之侧手持祭勺者所行之事[2]。

虽然是传统的事火者的生活场景,但在这里却依靠第二格浮雕的映照植入了新的含义——它旨在表明"佛陀还能凭意念操纵蓬发苦行者们劈柴、生火和灭火,在寒冷的冬夜,他为蓬发苦行者幻化出五百火盆"[3],便是如《增一阿含经》卷十五所云,"是时,迦叶时欲大祠,五百弟子执斧破薪,手擎斧而斧不下。是时,迦叶复作是念:此必沙门所为。是时,迦叶问世尊曰:今欲破薪,斧何故不下也? 世尊告曰:欲得斧下耶? 曰:欲使下。斧寻时下"。"尔时,迦叶弟子意欲然火,火不得然。是时,迦叶复作是念:此必沙门瞿昙所为。迦叶白佛:火何故不然? 佛告迦叶:欲使火然耶? 曰:欲使然。火寻时然"。以是成为"奇迹"的一部分而构成相连的一段叙事。

正如从释典中可以得知六师外道之大概,在佛教艺术中也可窥见外道的若干生活实况,稚拙的构图与精湛的细节营造,恰好形成一种有趣的反差。这里细节的写实,是用以强调故事性,间或使用的并不过分的夸张手法,则是突出戏剧性。

"降伏毒龙"在犍陀罗浮雕,却几乎略去了除火室之外的一切背景,而着意表现在一段时间流当中婆罗门的变化:由看到室内火起而恐慌、而奔行救火,转由看到佛陀的无恙而惊讶,如分别藏于拉合尔博物馆和卡拉奇博物馆的三方石雕[4] 〔2·84~86〕。卡拉奇博物馆石雕之一,塑造出在火室中结跏趺坐的佛陀和金刚座下的毒龙及降伏毒龙所用的钵。"毒龙",如同桑奇浮雕,乃是蛇的样子。石雕之二,则是毒龙已经入钵的

---

1 《大正藏》第四卷,页13。
2 《摩奴法典》第五卷提到妇女的义务之一,是用热水清洗"向火内投掷酥油用的各种匙"。
3 郭良鋆《佛陀和原始佛教思想》,页63。
4 栗田功『ガンダーラ美術・Ⅰ・佛伝』(改订增补版),图三〇〇、三〇四,二玄社,二〇〇三年;《巴基斯坦:交融之地——一至六世纪犍陀罗艺术》(*Pakistan : Terre de rencontre Ier-VIe. Les arts du Gandhara*),图四五,巴黎吉美博物馆,二〇一〇年。

2·84 降伏毒龙
拉合尔博物馆藏

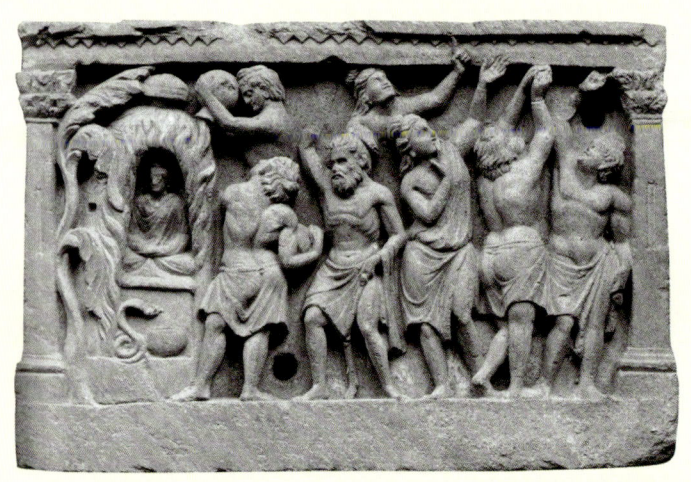

2·85 降伏毒龙
卡拉奇博物馆藏

2·86 降伏毒龙
卡拉奇博物馆藏

2·87 调伏火龙缘 克孜尔第一九六窟主室券顶左侧

情形——"世尊知龙调伏,从定而起,擎钵而去至迦叶所。迦叶见已,即便问曰:大沙门,汝得存邪?世尊告曰:我得平安。迦摄问曰:于汝钵中而有何物?世尊告曰:此是毒龙,汝所畏者,我已调伏在此钵中"[1]。

龟兹壁画中,故事的基本情节尚在,但表现内容省略了不少,如克孜尔第一九六窟主室券顶左侧的"调伏火龙缘"。菱形的构图单元里只有三个人:被毒龙缠绕的佛陀坐在中间,一边是老迦叶,一边是肩扛水罐准备救火的婆罗门[2][2·87]。至于敦煌莫高窟第三〇五窟西壁南侧壁画中的"降龙入钵",内容就更为省减,而表现形式类同于说法图:道树之间一顶华盖,左右胁侍菩萨持花供养,佛陀坐在中间,右手托钵,钵中盘绕着业已降伏的毒龙[3][2·88:1]。与此窟大抵同时或略晚的莫高窟第三八〇窟北壁

---

1 《根本说一切有部毗奈耶破僧事》卷六,《大正藏》第二十四卷,页131。
2 周龙勤等《中国新疆壁画艺术》第二卷,图九二。
3 樊锦诗《敦煌石窟全集·4·佛传故事画卷》,图八二。

2·88:1 降龙入钵局部 莫高窟第三〇五窟西壁南侧（隋）　　2·88:2 降龙入钵 莫高窟第三八〇窟北壁（隋）

"降龙入钵"，也是大体相近的构图，唯独钵中探头向上的毒龙，由以往的蛇头变成了龙头〔2·88:2〕。这想必是缘自中土工匠对"龙"的理解。

尼连禅河奇迹

降伏毒龙，犹不足以折服老迦叶，于是又有尼连禅河的奇迹。《中阿含经》卷八曰：佛陀在舍卫国胜林给孤独园时，大弟子阿难赞叹世尊的"未曾有法"即种种奇迹，其中说道："我闻世尊一时在郁鞞罗尼连然河（按即尼连禅河）边，阿阇惒罗尼拘类树下初得佛道。尔时大雨，至于七日，高下悉满，潢涝横流。世尊于中露地经行，其处尘起。"[1]巴利文律藏《大品》述此奇迹曰："雨季发大水，优楼毗螺迦叶驾船前来接应佛陀。佛陀排开

---

1 《大正藏》第一卷，页471。

水流，在中间干地上行走，又腾身空中，登上优楼毗螺迦叶的船。"[1] 桑奇大塔东门正面左柱第三格便是演述这一故事的浮雕"尼连禅河奇迹"。

整个画面是一幅挂起来的水。莲叶、莲蕾、水禽，还有树上的落花散布在水波里。上方从树后探出头来的一只大鳄鱼，似乎是在觊觎莲叶间的一对鸟。两边近乎对称排列的树木为大水漫至半腰，齐整的树冠像是刚刚经过修剪。右边的一株芒果树上两只猴子，一只在剥食果子，一只方在下望泛着波浪的河水，仿佛惊魂未定。芒果树的左上方一只鹈鹕嘴里衔着鱼，引得前面的一只回首顾望。婆罗门撑出一叶扁舟横在水波间，河水便由前景退而成为幕布，是"优楼毗螺迦叶驾船前来接应佛陀"也[2]。前边一人摇桨，后边一人掌舵，老迦叶坐在中间。在此还可以清楚看到拼接船板的"细腰"。托起小舟的浪涛下面一方经行石，乃象征"世尊于中露地经行，其处尘起"。所谓"经行"，即食后及坐禅昏沉或身体困乏时所行散步之事。义净《南海寄归内法传》卷三"经行少病"条曰："五天之地，道俗多作经行。直来直去，惟遵一路，随时适性，勿居闹处。一则痊痾，而能销食"；"故鹫山觉树之下，鹿苑王城之内，及馀圣迹，皆有世尊经行之基耳"。经文所谓"世尊于中露地经行，其处尘起"，颇教人想到洛神的"凌波微步，罗袜生尘"，虽然时空悬隔，情境殊异。画面下方的水边是一排香蕉树，树间站着向佛礼拜的老迦叶和他的弟子们。右侧的菩提树、金刚座当是象征佛陀度化老迦叶的成功〔2·89〕。

老迦叶皈依，五百弟子追随而来，一应事火用具因弃掷于尼连禅河。下游的两兄弟见此祭具法器顺流而下，惊惶赶来查问究竟，之后，也各带领二百五十弟子一同皈依佛门。有此一千之众，而奠定了教团的基础，因此三迦叶皈依是世尊传道初期的一件大事。

---

1 郭良鋆《佛陀和原始佛教思想》，页63。
2 《增一阿含经》卷十五曰："夜半，有大黑云起而作大雨，连若大河，极为瀑溢。是时，迦叶复作是念：此河瀑溢，沙门必当为水所漂，我今看之。是时，迦叶及五百弟子往至河所。尔时世尊在水上行，脚不为水所渍。"（《大正藏》第二卷，页621）

2·89 尼连禅河奇迹及局部 东门正面左柱第三格

2·90 迦叶救释迦溺水 莫高窟第四五四窟甬道顶（宋）

敦煌壁画中表现佛陀奇迹者不多，莫高窟第四五四窟甬道顶有"迦叶救释迦溺水"一幅，时代为宋[1][2·90]。画面极简：三角形的一方空间，蓝汪汪一片水，佛陀足踏莲花立在水上，左边是驾舟而至的事火外道，中间坐着老迦叶。

频婆娑罗王迎候佛陀

"尼连禅河奇迹"的下方亦即东门正面左柱最下面的一格，是一个国王出行的盛大场面。此即"频婆娑罗王迎候佛陀"。

世尊住世的时候，与他交往最多的两位国王是摩揭陀国的频婆娑罗王和拘萨罗国的波斯匿王。世尊入灭后，弘扬佛教最有力者，则莫过于

---

[1] 孙修身《敦煌石窟全集·12·佛教东传故事画卷》，图一二，商务印书馆（香港）有限公司，一九九九年。

孔雀王朝的第三任君主阿育王。桑奇大塔浮雕中表现的凡俗人物，最引人注目的便是这三位国王。

中印度十六国之一的摩揭陀国，是当日恒河南岸国势甚强的大国，为世尊一生传道的主要地方，摩揭陀第一位重要的国王便是频婆娑罗。频婆娑罗，又作频毗娑罗，梵文 Bimbisāra 的对音，意译为影坚。慧琳《一切经音义》卷二十六释"频婆娑罗"曰："亦云瓶沙王。此云端正，亦云好颜色也。"大约在公元前六世纪的后半期，频婆娑罗登上王位。其时摩揭陀国的首都是王舍城。

据巴利文《经集》的《出家经》记载，"太子在出家漫游中，曾遇见频毗沙罗王。当时，他进入王舍城乞食，频毗沙罗王站在宫殿上看见他相貌非凡，便派御使打听他的住处。得知他住在般度婆山，便亲自乘车前往那里，劝他还俗：'你年轻娇嫩，正值青春初期，具有漂亮的肤色和魁梧身材，像是刹帝利出身。我将装备一支精良的军队，站在象队前赐给你财富，请享用吧！告诉我，你的出身。'他告诉了频毗沙罗王自己出身释迦族，但拒绝还俗，'看到爱欲的危险，我视出家为安全。我将精进努力，我乐于此道'"[1]。

三迦叶皈依之后，世尊带领一千弟子向着摩揭陀国的王舍城而行，因为当初谢绝频婆娑罗王的好意之后，王遂以如果道成，请先度化为约——"惟愿太子，所期速果。若道成者，愿先见度"[2]。

《佛说初分经》卷二，尔时世尊对众比丘言：我今欲入王舍大城。频婆娑罗王闻知，"即勅修治王城内外，街巷道陌，悉令清净，烧众名香，散诸妙华，张设珠璎，树立幢盖，如是普遍处处严丽，乃至城中一切人民，发欢喜声，互相得闻。时频婆娑罗王，被新妙衣，著众宝履。严整四兵，

---

[1] 郭良鋆《佛陀和原始佛教思想》，页 42～43。昙无谶译马鸣《佛所行赞·瓶沙王诣太子品》第十则是一节言辞华美的叙事，见《大正藏》第四卷，页 19～20。
[2]《大正藏》第三卷，页 637。

与无数眷属，前后导从，出王舍城，迎候世尊"[1]。巴利文律藏《大品》记载，"佛陀在伽耶顶住了一段日子后，与这一千比丘一起，前往王舍城，住在善建立支提的杖林。摩揭陀国王频毗沙罗带领十二万婆罗门长者前来拜见，……然后，佛陀为长者们说法"[2]。世尊此行固为践约，但从传道弘法来说，这在当日也是一项明智的选择。——"令我国中有佛""使我出入常往来佛所""常听佛说经"，原是频婆娑罗王少小即已生出的愿望[3]，若能赢得这样一位国王的支持和赞助，对于弘法自然是十分有利的。

东门左柱最下一格的"频婆娑罗王迎候佛陀"，画面大部表现的是舍卫城层楼叠阁的都城景象。右方是雄峻的城门，频婆娑罗王"被新妙衣，著众宝履"，乘坐马车自城门而出，后方擎出一柄伞盖。"有女同车"，以表"无数眷属"。前面为持拂尘、扛水罐的导从。城中有骑马者，骑象者，高楼台观有凭栏下望的众男女，有若"城中一切人民，发欢喜声，互相得闻"也。右上角一座高阁，一名男子手挽花蔓，略斜了身子倚着栏杆，中间的女子持镜弄发，身后是手中托物的侍女，头顶梳着的发髻像一柄打开的折扇，式样正与东门药叉女相同。左偏一道纵贯画面三分之二的城墙，也是"挂"起来的，如同尼连禅河的表现形式。城外，有山崖，有水流，便是世尊的暂居之所杖林[4]。左上角的金刚座代表佛陀之在场。金刚座下、山崖和水流之间，有二人合掌礼佛〔2·91〕。右边一位，则即早从车上下来的频婆娑罗王——经云"出城向远，渐近世尊，

---

1 《大正藏》第十四卷，页767。
2 郭良鋆《佛陀和原始佛教思想》，页65。
3 孙吴支谦译《佛说䔢沙王五愿经》："闻如是。一时佛在王舍国鹞山中，与五百比丘俱。时王舍国王，号名䔢比沙。少小作太子，意常求五愿：一者愿我年少为王；二者令我国中有佛；三者使我出入常往来佛所；四者常听佛说经；五者闻经心疾开解，得须陀洹道。是五愿，䔢比沙王皆得之。"《大正藏》第十四卷，页779。
4 《大唐西域记》卷九："佛陀伐那山空谷中东行三十余里，至洩瑟知林（唐言杖林）。林竹修劲，被山弥谷。其先有婆罗门，闻释迦佛身长丈六，常怀疑惑，未之信也，乃以丈六竹杖，欲量佛身。恒于杖端出过丈六，如是增高，莫能穷实，遂投杖而去，因植根焉。"按杖林当实有其地，至婆罗门丈量佛身云云，后起之传说也。

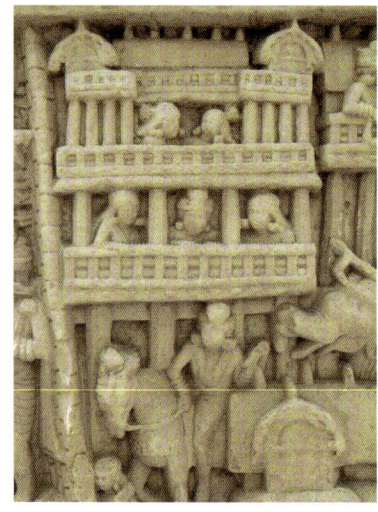

2·91:1 频婆娑罗迎候佛陀及局部,门正面左柱第四格

2·91:2 频婆娑罗迎候佛陀及局部一

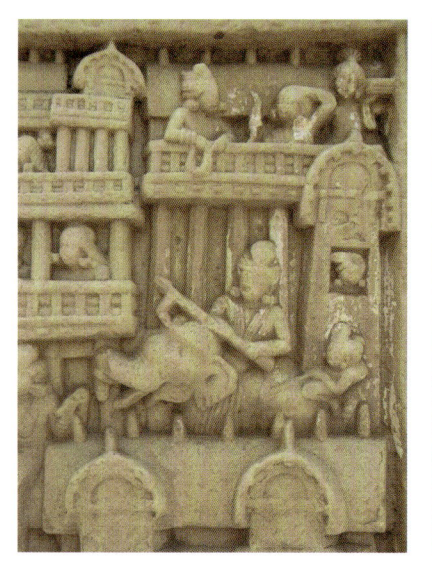

2·92 桑奇大塔东门复制品 柏林亚洲艺术博物馆

王乃下车,徒步而进"。此中也还隐藏着一段很难具象化的叙事:"长者们不能确定佛陀和优楼毗螺迦叶,谁是导师?佛陀知道他们的心思,便问优楼毗螺迦叶:'你为何放弃拜火?'优楼毗螺迦叶回答说:'拜火祭祀的回报是色、声、味和妾妃。我看到这些世俗事物是污染,也就不再热衷拜火祭祀。'说完,他拜倒在佛陀足下,说道:'世尊是导师,我是弟子。'"[1]

佛传故事中的降伏毒龙、尼连禅河奇迹、频婆娑罗王迎候佛陀,均集中在大塔东门左柱,因此福歇认为,不论是工匠的动机抑或赞助者的意愿,这里显示出的设计意匠,是要把发生在摩揭陀国地区的佛传故事安排在同一侧柱之上。顺便提一句,在《山奇大塔东门》一文,福歇说到,一八六七至一八六八年间,有人鼓动印度波帕尔公主为法国皇帝提供山奇四塔门之一,幸而这一计划未能实施,"不过英属印度政府清楚那里存有可令艺术家和学者感兴趣的考古遗存,因此从一八六九年开始以昂贵代价复制了几个东门","并很慷慨地分给伦敦、爱丁堡、都柏林、柏林和巴黎等城市"。庚寅年初夏参观柏林亚洲艺术博物馆,在博物馆餐厅外面的庭院里午饭,不经意间看见不远处一座熟悉的塔门——原来正是当年桑奇大塔东门的复制品之一〔2·92〕。

---

[1] 郭良鋆《佛陀和原始佛教思想》,页65。

第一章 佛传故事 93

第五节

竹林精舍

在巴利文《增一尼伽耶》的《柔软经》中,"佛陀自述早年在净饭王宫中的舒适生活:我很娇贵,非常娇贵,无比娇贵。在我父亲家中,为我建造了蓝莲花池、红莲花池和白莲花池。我不使用不是伽尸产的檀香木,我的头巾、内衣和外衣都用伽尸布料。在我的上方,日夜撑着白帐篷,以免我受冷、受热,沾染尘土或雨露。我有三座宫殿:一座冬宫,一座夏宫,一座雨宫。在雨季的四个月里,女歌手们侍奉我,我从不下殿。别人家的奴仆吃碎米粥,而我父亲家的奴仆吃米饭和肉"[1]。在与此相应的汉译《中阿含经》第一一七《大品柔软经》里,这一番文辞更为华丽,不过叙事的夸张成分也许并不很多。宫殿依时而建,傍岸栽花,倚水植莲,宫中享乐之优游,出行排场之煊赫,作为太子,这一切都是可能的。如此情景,在大塔浮雕所表现的世俗景象中也随处可见,如大塔西门左柱第一格、又背面第二横梁左端之浮雕〔2·93〕。当然实际上世尊是诞生在均属刹帝利种姓的释迦族小部落,而王子这一头衔意指任何适于担任部落酋长职务的刹帝利[2]。

不过这里要说的是,太子早是毅然抛弃锦衣玉食,出家成道,托钵游化,且同于当日的沙门集团,平常栖于林中,逢到雨季,各自分

---

[1] 郭良鋆《佛陀和原始佛教思想》,页34。
[2] "释迦族酋长系选举产生,由人们轮流担任,这遂导致后来关于佛陀生为王子、住在辉煌的宫殿并且生活极为优雅豪奢的传说。"D.D.高善必《印度古代文化与文明史纲》(王树英等译),页121,商务印书馆,一九九八年。

2·93:1 大塔西门正面
左柱第一格浮雕

2·93:2 大塔西门背面
第二横梁左端浮雕

散,雨季过后再重新聚集。然而三迦叶皈依之后,已是一个千人以上的僧团,便很难再依照以往的行事,因此这时候很需要一个相对固定的栖止之所。据巴利文律藏《大品》记载,频毗沙罗往杖林礼佛,"当即表示要终身皈依佛陀。并约请佛陀和众比丘明天吃饭。佛陀以沉默表示同意。第二天上午,佛陀手持衣钵,与众比丘一起进入王舍城。……频毗沙罗亲手侍奉佛陀和众比丘吃饭。饭后,频毗沙罗用金罐盛水给佛陀洗手，并将离城不远也不近的竹园赠送给佛陀和众比丘居住"[1]。"频毗沙罗用金罐盛水给佛陀洗手"，而与赠送竹园一事相连，当是"倾水示信"的意思，正如同北门"须大拏太子本生"施舍场景中屡屡重复的表现形式[2]。在这之后，世尊便以此恒河南岸的王舍城为中心，四出度化，王舍城的立足处，即为"竹林精舍"。经文所云"起诸堂舍，种种庄饰，极令严丽"[3]，或为夸饰之辞，它的意义，实在于后世佛经每每言及"一千二百五十人俱，皆是大阿罗汉"的佛教僧团，即在此形成。以后频婆娑罗王也曾屡至竹园做大布施，供养十方僧众。

桑奇浮雕"竹林精舍"位于北门左柱内侧，以两根波斯式柱子勾出近方的"画框"，内里是左右对称的构图。两边各一丛拔地参天的秀竹，中间金刚座，座上是垂系着花蔓的道树，两侧林木间各有礼佛者六人〔2·94〕。面对观者的十个人皆已容颜不辨，由身体特征可以见出，一人之外，全部为女子。那么当是频婆娑罗王和他的"无数眷属"。金刚座下背身合掌的两名女子拖着长长的发辫，上覆着重叠的珠串。庞贝遗址出土一件印度牙雕镜柄，镜柄上的女子也正是如此妆束，牙雕与桑奇大塔的时代大体相当[4]〔2·95〕。《云使》所咏"美女头上承着密结珠络的乌云辫发"[5]，于此正是贴切的形容，虽然彼已是在数百年之后。

三年前的天竺之行，也曾一至竹林精舍遗址。今天它的主体部分只是一个大花园的样子，进门后，左手处有一片小树林，林中翠竹几丛，

---

1 郭良鋆《佛陀和原始佛教思想》，页65。此竹园又名迦兰陀竹园，《中本起经》上、又《根本说一切有部毗奈耶破僧事》卷八，云竹园为城中大长者迦兰陀所有，初始施诸外道、及见如来，闻法皈依，遂于园中修建精舍，躬往请佛，佛受其施。

2 布施者向受施者的倾水示信，原是印度的一种古老习俗，此在佛经中尚有很多事例。又《法显传》"僧伽施国"云，"有一寺名火境，火境者，恶鬼名也，佛本化是恶鬼。后人于此处起精舍，以精舍布施阿罗汉，以水灌手，水沥滴地，其处故在"。

3 《过去现在因果经》卷四，《大正藏》第三卷，页651。

4 那不勒斯国家考古博物馆藏，或云此为女神拉克丝密，中国国家博物馆《古罗马文明》，页149，中国社会科学出版社，二〇〇三年。

5 迦梨陀娑《云使》"前云"第六十三节（金克木译），页32，人民文学出版社，一九五六年。

2·94 竹林精舍 北门左柱内侧

2·95 印度牙雕镜柄正面及背面
那不勒斯国家考古博物馆藏

2·96 竹林精舍遗址内的水池

修竹数竿，而佛陀遗迹了然无存。园中一个水池，据云是佛陀沐浴的地方。水池中央修起了三个喷嘴的喷泉，中间的一个水柱下落到池面，则水花翻起，成为一朵六瓣莲花〔2·96〕。

回到迦毗罗卫城·舍卫城的奇迹

世尊在王舍城停留若干时日，然后重返故乡迦毗罗卫城，在尼拘律园说法。这一段经历，《增一阿含经》卷十五、马鸣《佛所行赞》卷四、巴利文律藏《大品》等都曾提到。《佛所行赞》以"父子相见品"标目，其中的相关叙事道出净饭王的起始欣喜，继之伤悲，转而犹疑，所见所想，最是近乎人情——"太子远游学，愿满今来还。王闻大欢喜，严驾即出迎。举国诸士庶，悉皆从王行。渐近遥见佛，光相倍昔容。处于大众中，犹如梵天王。下车而徐进，恐为法留难。瞻颜内欣踊，口莫知所言。顾贪居俗累，子超然登仙。虽子居道尊，未知称何名。自惟久思渴，今日无由宣。子今默然坐，安隐不改容。久别无感情，令我心独悲""未见繁想驰，对目则无欢。如人念离亲，忽见画形像"[1]。太子二十九岁出家，

---

1 《大正藏》第四卷，页36。

三十五岁成道，如今返乡，父子相对，父王却生出"久别无感情，令我心独悲"、"未见繁想驰，对目则无欢"之感，此中的难堪，一在于"顾贪居俗累，子超然登仙"，是悄然忖度，隐隐有自惭形秽之感；二在于"虽子居道尊，未知称何名"，是昔日太子，今日成佛，当如何相称呢。此外，"汝今行乞食，斯道何足荣"——一个身穿坏色衣的托钵乞食者，有什么理由要受到礼敬？其时释迦族的族人也不免与王同样生疑。为去除净饭王耽于俗见的父子之心，以便静心参得佛法真谛，且为族人解惑，世尊不得不再现神通。

"佛知父王心，犹存于子想。为开其心故，并哀一切众。神足升虚空，两手捧日月。游行于空中，种种作异变。或分身无量，还复合为一。或入水如地，或入地如水。石壁不碍身，左右出水火。"于是"父王大欢喜，父子情悉除。空中莲花座，而为王说法"。所谓"左右出水火"，也被称作"双神变"，图像表现形式常常是脚下出水、身上出火，多用于"舍卫城双神变"，在犍陀罗艺术中，存世作品最多，比较有代表性的样式，即如分别藏于柏林亚洲艺术博物馆、巴黎吉美博物馆和加尔各答博物馆的三件[1][2·97~98]。不过马歇尔认为桑奇大塔的"回到迦毗罗卫城"是体现了"成熟的山奇风格"，而"犍陀罗艺术中，绝没有一件作品具有这种艺术效果，没有一件作品能像这件作品一样发自自然、激发人们喜爱并且不受尺寸和形状的约束"[2]。

为马歇尔所盛赞的桑奇浮雕"回到迦毗罗卫城"，仍是王族出行的热闹场面，而大塔浮雕中的这一类图像原有多幅，唯表现形式各有不同，虽然构图元素中颇有程式化的部分。

浮雕位于大塔东门右柱内侧，是一幅纵向展开图。左上角一个窄长空间里安排的"白象入胎"，特用来点明这里为太子出生的迦毗罗卫城。

---

[1] 三件均为博物馆参观所摄。
[2] 约翰·马歇尔《犍陀罗佛教艺术》（王冀青译），页13。

2·97:1 舍卫城的奇迹正面及局部
柏林亚洲艺术博物馆藏

2·97:2 舍卫城的奇迹正面及局部
巴黎吉美博物馆藏

2·98 舍卫城的奇迹
加尔各答博物馆藏

从右上角的楼阁开始,便都是故事发生的"现场",即"举国诸士庶,悉皆从王行"。行进路线却与其他出行图的表现方式不同,此如一个反向的"S",迂回于高阁之间,因以暗示迤逦其中掩而未露的无数士众。第一个弯弧里,是从不同方向汇集来的象队和马队闃咽于通衢巷陌。沿着斜向的曲线下行,队伍掉转了方向,于是有载着净饭王的马车穿出城门,马车旁边是密匝匝步行的弓箭手,击鼓与吹螺贝、吹箫笛的乐队走在下面,也就是图像所欲表示的最前方。虽然只有城楼一座、高阁两幢,在此却以出行队伍的曲折绵延而以一当十。楼阁中人的交头接耳之状刻画真切,应该不是闲笔。然而世尊所现之神通,诸如"神足升虚空,两手捧日月。游行于空中,种种作异变",在不出现佛像的原则下,该如何具象化呢——乐队左边一条横贯画面三分之二的"经行石",便是世尊"游行于空中"的象征,这是当日观者完全能够读懂的叙事语言,它也曾出现在"尼连禅河奇迹"。经行石下,是栏楯围护的道树,树旁背身而立、形象高于众人的礼佛者,自然是得获"大欢喜"的净饭王,余则在奇迹面前解除了疑惑的释迦族人〔2·99〕。——马鸣《佛所行赞·父子相见品》:"居王父尊位,谦卑稽首礼""国中诸人民,睹佛神通力,闻说深妙法,兼见王敬重,合掌头面礼"。

2·99 回到迦毗罗卫城 东门正面右柱内侧

所谓"左右出水火",即水和火交替出现,为不可思议之神通。世尊也曾应胜光王之情,为降伏外道而在舍卫城示现如此之"神变",便是所谓"舍卫城双神变""舍卫城大神变",亦即"舍卫城的奇迹"。义净译《根本说一切有部毗奈耶杂事》卷二十六记此事云,"佛告胜光王曰:谁请如来共诸外道捔神变事?时王即起,偏露右肩,合掌向佛白言:'世尊,我今请佛共诸外道现其神变上人之法,降伏外道庆悦人天,令敬信者倍复增长,其未信者作信因缘,令于未来沙门、婆罗门、人天大众,皆蒙利益,长夜安乐。'佛受王请,默然而住。王知受已,复座而坐。尔时世尊,便入如是胜三摩地,便于座上隐而不现。即于东方虚空中出,现四威仪:行、立、坐、卧,入火光定,出种种光"。于是"身下出火,身上出水;身上出火,身下出水"。然而世尊对王说,如此种种,不过是"诸佛及声闻众共有神通"。之后,世尊乃为众人示现"无上大神变事",即以神力一时间化现莲花千叶,千叶莲花各有化佛安坐[1]。

胜光王,又作胜军王,均是波斯匿王的意译。慧琳《一切经音义》卷二十六"波斯匿王"条曰:"此云胜军王,或名和悦依仁王。经云月光王也。"他是公元前六世纪憍萨罗国国王,建都于室罗伐悉底城,亦即舍卫城。波斯匿王乃世尊住世时的一位重要人物,也是当日佛教的主要赞助人之一。《增一阿含经》卷三《清信士品》记佛陀评"弟子中第一优婆塞"曰:"好喜惠施,所谓毗沙王是""建立善本,王波斯匿是"[2]。好喜惠施之毗沙王,便是"频婆娑罗王迎候佛陀"中的频婆娑罗王。桑奇大塔北门正面左柱第四格浮雕,则为"波斯匿王出행"〔2·100〕。

不出现佛陀形象的"舍卫城的奇迹",再次为工匠布置下难题。当然难题在此并不难,经行石依然是授受双方默契于心的佛陀示现神通的象征,因此尽可以把场景的再现落墨于"大欢喜"的结局。——"尔

---

1 《大正藏》第二十四卷,页332。
2 《大正藏》第二卷,页560。

2·100 波斯匿王出城
北门正面左柱第四格

"时世尊现神变已,胜光大王及内宫女王子大臣,及诸城邑他方远客无量百千无数大众悉皆云集,瞻仰神通,目不暂舍。于虚空中亦有无量百千诸天大众,共观神变不改威仪,恭敬供养情无暂替,处处皆有鼓乐音声,螺贝长鸣,歌舞递发。假令禽兽亦皆欢喜,各出音声,马嘶、象吼、驼叫、牛鸣、孔雀、鸳鸯各为哀响。人天大众观佛神变叹未曾有。"[1]

"舍卫城的奇迹",桑奇大塔的北门和东门各有一处。

位于北门左柱者,设计为两个画面,即分别为左柱的第一格和第三格。在巴利文传本中,舍卫城的奇迹通常称作"芒果树下的奇迹",因为这里尚有一个示现神通之前的情节,即世尊先曾宣布奇迹示现的地点是在舍卫城外的芒果树下,外道遂将舍卫城的芒果树砍伐净尽,然而世尊却于当日使一枚芒果核在地上顷刻发芽长成大树。浮雕便是据此而设计画面。第一格为一个竖长的画框,下半部的中心位置一株上有伞盖、下有金刚座的芒果树,便是点出图像内容的标志物。图案化的对称格局

---

[1] 《大正藏》第二十四卷,页332。

2·101:1 舍卫城的奇迹 北门正面左柱第一格

2·101:2 舍卫城的奇迹 北门正面左柱第三格

中,人物排列得齐崭崭,甚至连表情也是。一对天人、一对鼓乐,又芒果树两旁、金刚座下三两成对的诸天填满画面,便完成了叙事〔2·101:1〕。第三格中,横于画面中间的经行石象征佛陀示现神通,上方是屋顶有四个尖拱窗的高大建筑,下有柱廊,挂满了花蔓。经行石下,树林为背景,近景中合掌的七个人,当即"瞻仰神通"的王族和"诸城邑他方远客"〔2·101:2〕。

另一处,位于大塔东门左柱第一格,图像安排更为省便,竟好像是北门同题浮雕的二合一——作为奇迹象征的经行石横贯画面,上方为诸天,下方为王族和士众:合掌,微微仰首,目光一齐向着画面之外〔2·102〕。

第一章 佛传故事 105

2·102 舍卫城的奇迹 东门正面左柱第一格

依据福歇的解读，同题浮雕在桑奇之前先已见于巴尔胡特大塔[1]。浮雕下缘一道栏楯，栏楯右端结束处半掩着一个拱形门，一骑人马自内鱼贯而出。由大门上方的榜题可知，掉转了方向的驷马车上凭轼而立者，为"憍萨罗国的波斯匿王"。马车前方的众多导从正向着一座广厦而行，已经绕到右边的骑象者，则即队伍的最前方。大厦下面一层的楹柱之间一个悬垂花蔓的巨型法轮，法轮上方一柄伞盖，帝释天与梵天分别拱立在法轮两边。这里的法轮，自然是佛陀的象征。大厦便是波斯匿王为观看示现神变而修造[2]〔2·103〕，桑奇浮雕中的建筑，正是这一图式的沿用。

敦煌壁画的佛传故事中，表现世尊成道以后的故事很少。莫高窟盛唐第二一七窟西壁彩塑主尊说法像的龛内，龛顶北侧自上至下依次有"为四众说法""释迦回迦毗罗卫城""罗睺罗出家"一组三个画面[3]〔2·104〕。其中的"释迦回迦毗罗卫城"，构图与阿旃陀石窟第十七窟的同题壁画十分相似，虽然表现内容不很相同〔2·105〕。阿旃陀壁画中，佛陀

---

1 今藏加尔各答博物馆，照片为参观所摄。
2 阿·福歇《佛教艺术的早期阶段·舍卫城大神变》（王平先等译），页139。
3 樊锦诗《敦煌石窟全集·4·佛传故事画卷》，图九五至九八。

2·103 舍卫城的奇迹及局部 巴尔胡特大塔栏楯立柱

2·104 回到迦毗罗卫城 莫高窟第二一七窟（盛唐）西壁龛顶北侧及局部

2·105 返回迦毗罗卫城及局部 阿旃陀第十七窟壁画

形象之高大尤其夸张，他低首俯看的两个人身形不及其半，此即妻子耶输陀罗与儿子罗睺罗。据巴利文律藏《大品》记载，佛陀重返故乡，住在尼拘律园，"这天上午，他手持衣钵，前往净饭王住所。到了那里，罗睺罗的母亲对罗睺罗说道：'那是你的父亲，罗睺罗！去向他要遗产。'罗睺罗站在佛陀面前，说道：'你的影子很温暖，沙门！'佛陀起身离开。罗睺罗跟在后面，说道：'给我遗产，沙门！给我遗产，沙门！'于是，佛陀吩咐舍利弗说：'你给他出家吧。'舍利弗遵照佛陀制定的出家仪规，剃度罗睺罗"[1]。在阿旃陀壁画面前，很容易想到这一节记事，佛陀的面容虽眉目以下辨认不清，但从眼神和身姿的轮廓中犹可见出悲天悯人之情，下方的耶输陀罗托着罗睺罗向前伸出的手臂，母子二人的仰望之色却又教人颇为顾念此中流衍的世俗情感。罗睺罗出家，后来以"密行（持戒严密）第一"而成为佛陀十大弟子中的最后一名，然而不幸早逝。

"身上出火，身下出水"的表现形式，在犍陀罗艺术发展出"迦毕

---

1 郭良鋆《佛陀和原始佛教思想》，页68。

试风格"的焰肩佛[1]、龟兹石窟、炳灵寺、云冈石窟、十六国以及北魏佛造像，又敦煌北朝壁画，等等，都曾出现过这样的形象[2]，不过多是安排为禅定或说法，而与"奇迹"无关。似可认为，它只是缘自图式的传递。

祇园布施

早期佛教讲修行和自我牺牲而积功德，不是为了改善今生来世的物质生活，而是将此作为通向涅槃境界的阶梯。"除了一个钵盂、一只水罐、最多三件既无刺绣又无图案的素朴袈裟（最好由破布百衲而成）以及油壶、剃刀、针线和禅杖之外，僧人不许另有财产。""佛教僧人被禁止从事营利的劳动和农业生产，只能靠施舍或在不杀生的前提下到林中采集食物为生；惟其如此，他们才能够心无旁骛地专注于自己的社会责任，即引导众生走上正道的义务。"[3] 为了维持基本生存，只能是托钵乞食。频婆娑罗王赠以竹园，世尊和他的弟子们在雨季便可以不再四散。这是来自国王的赞助。此外赞助和支持的一个重要来源，则是富有的商主，汉译佛经多称之为"长者"。玄应《一切经音义》卷八"长者"条："案天竺国俗多以商估为业，游方履险，不惮艰辛，弥积岁年，必获珍异。上者奉王，余皆入己。财盈一亿，德行又高，便称长者，为王辅佐。"

竹林精舍位于恒河南岸，祇园精舍则在舍卫城外的恒河北岸。世尊由成道至入灭，其间四十五年传道，恒河南北岸的这两处精舍，始终是重要的驻足之地。祇园精舍，又作祇洹精舍，即为舍卫城的须达（亦作须达多）长者所建。

祇园布施是非常有名的故事，大意即如《大唐西域记》卷六《逝多

---

[1] 宫治昭《犍陀罗美术寻踪》(李萍译)，页185～186。
[2] 孙机《佛像的火焰肩和火焰背光》，页206～216，《中国历史博物馆考古部纪念文集》，科学出版社，二〇〇〇年。
[3] 高善必《印度古代文化与文明史纲》(王树英等译)，页119。

2·106 祇园布施 巴尔胡特大塔栏楯浮雕　　　　　　　　　2·107 祇园布施 北门左柱第二格

林给孤独园》所述："善施长者仁而聪敏，积而能散，拯乏济贫，哀孤恤老，时美其德，号给孤独焉。闻佛功德，深生尊敬，愿建精舍，请佛降临。世尊命舍利子随瞻揆焉，惟太子逝多园地爽垲。寻诣太子，具以情告。太子戏言：'金遍乃卖。'善施闻之，心豁如也，即出藏金，随言布地。有少未满，太子请留，曰：'佛诚良田，宜植善种。'即于空地，建立精舍。"善施，即须达的意译。逝多，也作祇陀。

"祇园布施"的图像，也先已出现在巴尔胡特大塔栏楯浮雕。圆形的边框里，平平铺展着祇园精舍，前方为太子，旁边是运送金砖的牛车、搬运金砖及以金砖铺地的工匠。中央的手持澡瓶者，为善施长者，栏楯围护的道树，象征佛陀，此以倾水示信来表示长者的施舍[1]〔2·106〕。

桑奇浮雕"祇园布施"位于北门左柱第二格。两根波斯式柱子用作边框，精舍二、草庐一，成三角之势排列在树林间，上方合掌礼佛的两个人便是太子和善施亦即给孤独长者〔2·107〕。与巴尔胡特相比，桑奇的这一同题浮雕几乎是没有情节的。仿佛因为它已是人人耳熟能详的故事，几个标志性的图式摆上去，就大功告成了。

1　今藏加尔各答博物馆，此为参观所摄。

第六节

　　世尊与孔子生活的年代相当,施教方式亦颇相近,经文说沙门瞿昙"善于言语,柔软和雅"[1],即是也。孔子讲中庸,佛陀讲中道——既反对昂贵的吠陀祭献,也否定违反人情的苦修。二者共同具有的平和与善意,最教人喜欢。不论出世与入世的分别,汉文佛经中的小乘经典也有点像《论语》,只是与《论语》相较,数量大得多,不免令人生畏。不过关乎世尊为人行事的部分还是很容易读进去,此中所包含的若干真实性,能够使人看到一位觉悟者通向觉悟的足迹。查尔斯·埃利奥特《印度教与佛教史纲》有专章谈到佛陀的生平,他说,脱离尘世之后,"树木和河流却仍然产生乔答摩所感受的安静与灵思之感,这是一种安定五官也同样是刺激心灵的感化力。佛教在理论上虽然不重视视觉的愉快,但是在实际中并不鄙弃美感。……有许多记载提到佛陀本人的外貌,还有持久不变对于艺术的爱好,以及同样持久不变对于自然的爱好。……佛陀的实例说明他感觉风景和气候对于他当时的奋斗具有重要性,而且他的信徒们至今认为在美丽安宁的环境中,最容易过圣洁生活"[2]。由世尊说法之设喻取譬,的确能够教人感受到这一点,而世尊之说法也总是有情境的,有时还常常有故事。不过后世的说法图,端严之气味重,亲切之气息少,努力于再现当日场景者并不多。莫高窟盛唐第二一七窟西壁彩塑主尊说法像的龛顶北侧有"为四众说法"一幅,此图绘出周回清流潆洄,高树绿叶扶疏,是说法图中

---

[1]《长阿含经》卷二十二《种德经》,《大正藏》第十五卷,页95。
[2] 查尔斯·埃利奥特《印度教与佛教史纲》(第一卷,李荣熙译),页241,商务印书馆,一九八二年。

2·108 返回迦毗罗卫城局部 莫高窟第二一七窟西壁龛顶北侧

2·109 尼拘律园说法 北门正面右柱第三格

不很常见的表现方式[1]〔2·108〕。它与其下之"释迦回迦毗罗卫城""罗睺罗出家"安排为一组,应是表现世尊返乡时在尼拘律树林为释迦族人说法。此在桑奇浮雕,便是北门正面右柱第三格的"尼拘律园说法"〔2·109〕。画面中央为道树下的金刚座,自是代表佛陀,此外别无布景,图像的布局和人物造型,都是很程式化的。

---

1 樊锦诗《敦煌石窟全集·4·佛传故事画卷》,图九五。

帝释窟说法（帝释天朝访）

"帝释窟说法"，情境很美，故事也很美，事见《长阿含经》卷十《释提桓因问经》[1]（同本异译者，有东晋僧伽提婆译《中阿含经》卷三十三《大品·释问经》、北魏吉迦夜等译《杂宝藏经》卷六《帝释问事缘》）。其地在王舍城东的山间。中土的两位高僧都曾留下往访圣迹的文字。《法显传》："天帝释将天乐般遮弹琴乐佛处，帝释以四十二事问佛，一一以指画石，画迹故在，此中亦有僧伽蓝。"《大唐西域记》卷九《摩揭陁国下》"帝释窟"一节曰："因陀罗势罗窭诃山（唐言帝释窟也），其山岩谷杳冥，花林翁郁，岭有两峰，岌然特起。西峰南岩间有大石室，广而不高，昔如来尝于中止，时天帝释以四十二疑事画石请问，佛为演释，其迹犹在。"想象当日世尊之说法，正可借得一句"山水有清音"。

不过世尊未出场之前，故事的主角似乎为帝释天，而最见光采者，又是援琴而弹的犍闼婆（或作乾闼婆、乾达婆、健达缚）。《杂宝藏经》卷六《帝释问事缘》："如是我闻：一时佛在摩竭提国王舍城南，有婆罗门聚落，名庵婆罗林。此聚落北，毘提醯山石窟之中，尔时帝释，闻佛在彼，即告槃阇识企犍闼婆王子言：摩竭提国，婆罗门聚落，名庵婆罗林，此聚落北，有毘提醯山，世尊在中，今与汝等可共诣彼。槃阇识企犍闼婆王子答言：惟然，此事最善，欢喜乐闻。即挟琉璃琴，从于帝释，往于佛所。尔时诸天，闻帝释共犍闼婆王子等欲往佛所，各自庄严，随从帝释，于天上没，即至毘提醯山。尔时山中，光明照曜，近彼仙人，皆谓火光。帝释即告犍闼婆王子言：此处清净，远离诸恶，阿练若处，安隐坐禅。当今佛边，多饶尊胜诸天侧塞，满其左右。我等今者，云何而得奉见世尊？帝释即告犍闼婆王子：汝可为我往向佛所通我等意，欲得觐问。犍闼婆王子受教即往，不

---

[1]《大正藏》第一卷，页62。

远不近，瞻仰尊颜，援琴而弹，使佛得闻。"[1]

乾闼婆，意译为寻香或食香，是为帝释天执乐的神仙。唐澄观述《大方广佛华严经疏》卷五曰：乾闼婆，"此云寻香，谓诸乐儿不事生业，但寻诸家饮食香气，即往设乐求食自活，因此世人号诸乐人为乾闼婆。彼能执乐，故以名焉。亦云食香，止十宝山间食诸香糅。即帝释执乐神也"[2]。经云乾闼婆随侍帝释天之际，"挟琉璃琴"，此"琉璃"，指乐器之装饰，即所谓"琉璃宝装箜篌"[3]。"琴"，亦非中土之古琴。《杂阿含经》卷四十三曰：过去世时，有王闻未曾有好弹琴声，极生爱乐，因问诸大臣，此何等声。大臣答言：此是琴作好声者，"如此之琴，有众多种具：谓有柄、有槽、有丽、有弦、有皮，巧方便人弹之，得众具因缘，乃成音声"[4]。此琴，当为凤首箜篌，原是挟抱箜篌皮槽于肋下，只手弹奏[5]。以乐音通问，使佛得闻，以为帝释天说法，教人想起先秦时代的"乐语"——《论语·阳货》云，"孺悲欲见孔子，孔子辞以疾。将命者出户，取瑟而歌，使之闻之"；《诗·陈风·东门之池》"彼美淑姬，可以晤歌"，都是上古人际交往中飘散的诗意。

"帝释窟说法"，位于桑奇北门左柱内侧第一格〔2·110∶1〕。竖长的画框内，上半部为世尊所在的毘提醯山石窟，石窟造型与位于西印度的巴雅支提窟亦即塔堂窟外观很相似[6]〔2·110∶2〕，巴雅石窟的时代为公元前二世纪至前一世纪。浮雕以石窟周围山石嶙峋，见出"岩谷杳冥"，左侧的山洞口伏着一对狮子，右侧山石林木间是两只人面羊角的怪兽。石窟前的金刚座象征闻得乐声出来为诸天说法的佛陀。下半部是前来访佛并闻法的诸

---

1 《大正藏》第四卷，页476。
2 《大正藏》第三十五卷，页539。又慧琳《一切经音义》卷十二："健达缚，梵语庑质也，唐云食香，以香自资，故亦云香行神。或云嗅香，又言寻香神。或云居香山，或云身有异香。有言音乐神者，义译也。旧云乾闼婆，亦云乾沓和。皆诸国音之轻重不同。"
3 《佛说帝释所问经》，《大正藏》第一卷，页246。
4 《大正藏》第二卷，页321。
5 林谦三《东亚乐器考·绘画中所见的凤首箜篌的形象》（钱稻孙译），页213～214，人民音乐出版社，一九六二年。
6 罗伊·C.克雷文《印度艺术简史》（王镛等译），页39，中国人民大学出版社，二〇〇四年。

2·110:1 帝释窟说法及局部 北门左柱内侧第一格

2·110:2 巴雅石窟

天。背身而立的礼佛者，帝释天也。上面一排右端一人持箜篌，则即乾闼婆。

桑奇浮雕"帝释窟说法"确立了两个构图要素，一是野兽出没的山野景象，一是弹奏箜篌的乾达婆，而在随后的犍陀罗艺术中成为图像标志。拉合尔博物馆藏一件西尔克里出土的石塔，塔身十三幅佛传图中的一幅，即为"帝释窟说法"[1]。画面右方为山林中的石窟，石窟上下有或漫步或休憩的鹿和羊。石窟内是禅定的佛陀，石窟外缘有团团火焰，是佛入"火焰三昧"也，"尔时山中，光明照曜，近彼仙人，皆谓火光"。画面左方为手持箜篌的乾闼婆，身量小于他的帝释天在后面合掌礼佛，在这里，帝释天竟是退而居其次了〔2·111〕。同样题材的作品，也有省略掉弹箜篌，唯以山野动物作为标识者，如塔克西拉博物馆所藏一件[2]。它出土于塔克西拉的吉里寺，被马歇尔称作"是犍陀罗艺术中无与伦比的作品"[3]。石雕以一道栏楯中分画面，栏楯上方天人散花，下方中央是山中石窟，佛陀于窟中禅定，窟外是礼佛的诸天，下端是山石间觅食的两头野猪〔2·112〕。至于构图繁密之例，则有白沙瓦博物馆中的一件藏品，时代为三世纪初[4]。浮雕中的人物头部毁损颇多，不过轮廓尚存。保存比较好的左半部，可见山岩间嬉戏的鸟和猴子，手持箜篌的乾闼婆方在拨弦弹奏〔2·113〕。岩窟周围自然景象表现最为生动者，为加尔各答博物馆藏罗里延·唐盖出土的一件。世尊座下有从岩窟中探出身来的狮子，左边的乾达婆残损，但仍可见手中的竖琴，窟沿上方一对孔雀，作为背景的山林深处有半身掩在枝叶间的树神，更有一左一右效法世尊禅定的一对猴子[5]〔2·114〕。

---

1 栗田功『ガンダーラ美術・Ⅰ・佛伝』（改订增补版），图三三一，二玄社，二〇〇三年。

2 《巴基斯坦：交融之地——一至六世纪犍陀罗艺术》（*Pakistan : Terre de rencontre Ier-VIe. Les arts du Gandhara*），图四九，法国吉美远东艺术博物馆，二〇一〇年。

3 约翰·马歇尔《犍陀罗佛教艺术》（王冀青译），页83。

4 《巴基斯坦犍陀罗雕刻展》（『パキスタン・ガンダーラ彫刻展』），图二七，东京国立博物馆，二〇〇二年。按浮雕底部刻有一条佉卢文题记，题记的年代为迦腻色伽王之治世第八十七年，根据现在一般采用的年表，这一年为公元二二四年。

5 约翰·马歇尔《犍陀罗佛教艺术》，图版一一八。按本篇所用图采自此书英文版。

2·111 帝释窟说法 拉合尔博物馆藏

2·112 帝释窟说法 塔克西拉博物馆藏

2·113 帝释窟说法及局部 白沙瓦博物馆藏

2·114 帝释窟说法
加尔各答博物馆藏

"帝释窟说法"也是龟兹石窟壁画中的常见题材,它多是以绘塑结合的方式布置在主室正壁,即正壁中央一个拱形龛,龛内塑像为禅定的佛陀,龛外左侧为帝释天与诸天,右侧是乾闼婆及其眷属或闻法天人[1]。壁画中,龟兹风格的乾闼婆体态妖娆,拨弦的手势仿佛送出"乐语",如克孜尔第八〇窟、第九十九窟主室正壁壁画[2]〔2·115~116〕。与壁画合为一组的拱形龛内原来皆有佛塑像,今仅存头光和身光。

---

1 如克孜尔第九十九窟,库木吐喇石窟第二十三窟、第五十八窟,又森姆塞姆石窟第四十八窟。
2 周龙勤等《中国新疆壁画艺术》第三卷,图三九;新疆维吾尔自治区文物管理委员会等《中国石窟·克孜尔石窟》第二卷,图四三,文物出版社,一九九六年。按此幅或被认为是"梵天劝请"(新疆龟兹石窟研究所《克孜尔石窟内容总录》,页93,新疆美术摄影出版社,二〇〇〇年)。

2·115 帝释窟说法及局部 克孜尔第八〇窟主室正壁

2·116 乾闼婆 克孜尔第九十九窟主室正壁

忉利天说法归来（降三道宝阶）

忉利天，为梵文 Trayastrimsa 音译之略，即三十三天[1]。《根本说一切有部毗奈耶杂事》卷二十九云，"尔时佛在室罗伐城，既现大神通降伏诸外道，利益无量众随类悉归依，一切人天咸令欢喜。远近城邑婆罗门等及工巧人，并皆来集室罗伐城，于世尊处而为出家"。"现神变后人天欢悦，佛及苾刍多获利养。尔时世尊为欲断其利养过故，遂升三十三天，于玉石殿上三月安居，近圆生树为母说法。"室罗伐城，即舍卫城。却说四众久不见佛，咸生渴仰，因恳请大目连往三十三天亦即忉利天请佛归来，世尊答允七天后归。"是时帝释白佛言：世尊，今欲诣赡部洲？答言：我去。白言：为作神通，为以足步？答言：足步。帝释即命巧匠天子曰：汝应化作三道宝阶：黄金、吠琉璃、苏颇胝迦。答言：大善。即便化作三种宝阶。"[2] 于是世尊处中，行于琉璃道；大梵天王在右，行于黄金道；天帝释在左，蹈行水晶道[3]。"忉利天说法归来"，因此又称"降三道宝阶"。

巴尔胡特大塔栏楯浮雕有"忉利天说法归来"，乃立柱上面纵向排列的三幅图像之一，底端一幅为"成道"，上方一幅为"忉利天说法"，则"说法"与"归来"当可视作一组连续的画面[4]〔2·117〕。图解式的三道天梯从上方直直垂下来，顶端和末端的台级各有一个佛足印，

---

1 慧苑《新译大方广佛华严经音义上》："忉利，梵言，正云怛唎耶怛唎奢。言怛唎耶者，此云三也；怛唎奢者，十三也。谓须弥山顶四方各有八天城，当中一天城，帝释所居，总数有三十三处，故从处立名也。"
2 《大正藏》第二十四卷，页 347。
3 苏颇胝迦，或作颇胝迦、娑破迦，水晶之类的宝石。慧琳《一切经音义》卷七十"颇胝迦"条云："娑破迦，西国宝名也。旧云颇黎者，讹略也。此云水玉，或言白珠。《大论》云宝出山石窟中，过千年冰化为颇梨珠。此或有也，但西国极饶此物，彼乃无冰，以何为化，但石之类耳。"又卷七十二释"颇胝迦"曰：此"梵语也，古译云颇黎，似水晶，又非水晶，然亦其类"。
4 今藏加尔各答博物馆，照片为参观所摄。

2·117:1 巴尔胡特大塔栏楯立柱

2·117:2 忉利天说法 巴尔胡特大塔栏楯立柱

2·117:3 忉利天说法归来 巴尔胡特大塔栏楯立柱

表明佛陀已从三十三天走下来。天梯旁边是金刚座、菩提树，还有飞舞着的天人，模样相同、动作一致的礼佛者齐崭崭排列起来填满画面。桑奇大塔北门正面右柱第一格的"忉利天说法归来"，画面布局与它很相近，不过左右更加对称，而人物造型不再是那样呆板。天梯顶端的菩提树和金刚座表示佛陀在忉利天说法，左右的一对捣鼓渲染出"归来"的气氛。虽然仍是"满"，却好像有了空气的流动〔2·118〕。

贵霜时代马图拉和犍陀罗艺术中的同题浮雕都沿袭了在巴尔胡特和桑奇形成的图式，而以佛陀本人取代了象征物[1]〔2·119〕。马图拉博物馆藏"五相图"中的"忉利天说法归来"，是构图最为简单的一种，自然也是因为在不大的空间里要安排的内容很多。犍陀罗浮雕中有场面颇为壮观的作品，如维多利亚与阿尔伯特博物馆所藏一件，它以佛陀和梵天、帝释天的三次出现表示从忉利天走下来的连续过程[2]〔2·120〕。不过这种"分解动作"式的表现方法，未免显得过于繁复。此际回过头来，倒是觉得不出现佛陀形象的桑奇浮雕别有几分质朴可爱。至于笈多时代的阿旃陀石窟壁画，"忉利天说法归来"才真正有了亲切近人的气息。场面的铺陈见出气象固然是大手笔，众多人物由眉眼见心情，尤其刻画细腻。去除了奇幻的想象，便全凭写实的赋笔绘声绘色。三道宝阶也生活化了，即取用了生活中的境象，而且有了透视感[3]〔2·121〕。

猕猴献蜜

"猕猴献蜜"，见于《中阿含经》卷八《未曾有法经》、《贤愚经》卷十二，又《佛说五百弟子自说本起经》等，是与世尊行历似乎无多关联

---

[1] 此均为参观博物馆所摄，前例陈菊霞摄影。
[2] 栗田功『ガンダーラ美術・Ⅰ・佛伝』（改订增补版），图四一六，二玄社，二〇〇三年。
[3] 《阿旃陀》（*AJANTA*），页197，新德里（英文版），一九九六年。

118 忉利天说法归来 北门正面右柱第一格

2·119:1 五相图 马图拉博物馆藏 陈菊霞摄影

2·119:2 忉利天说法归来 牛津大学博物馆藏

2·120 忉利天说法归来 维多利亚与阿尔伯特博物馆藏

桑奇三塔

2·121 忉利天归来及局部 阿旃陀石窟第十七窟壁画

的一个故事，但在佛传图中却是常见的表现题材，在印度也是留下圣迹的[1]。元魏慧觉等译《贤愚经》卷十二曰：佛在舍卫国祇树给孤独园时，国中一婆罗门，字曰师质，家境殷富，但苦无子息，因谒佛请问命中是否有子。佛曰汝当有儿，不过长成后当乐于出家。师质听罢欢喜无量，遂于次日舍食佛陀及众僧。食毕，"佛及众僧还归所止。路有一泽，中有泉水，甚为清美。佛与比丘僧便住休息。诸比丘众各各洗钵，有一猕猴，来从阿难，求索其钵。阿难恐破，不欲与之。佛告阿难：速与勿忧。奉教便与。猕猴得钵，持至蜜树，盛满钵来，奉上世尊。世尊告曰：去中不净。猕猴即时拾去蜂虫，极令洁净。佛便告言：以水和之。如语著水，和调已竟，奉授世尊。世尊受已，分布与僧，咸共

---

[1]《大唐西域记》卷四《秣菟罗国》"猕猴献蜜及释迦等遗迹"："石室东南二十四五里，至大涸池，傍有窣堵波。在昔如来行经此处，时有猕猴持蜜奉佛，佛令水和，普遍大众。猕猴喜跃，堕坑而死，乘兹福力，得生人中。"

饮之，皆悉周遍。猕猴欢喜，腾跃起舞，堕大坑中，即便命终，魂识受胎于师质家"[1]。面对前来索钵的猕猴，世尊是早有预见，因阻止弟子的呵斥，抑或本来就是以中正和平温柔敦厚之心看待生灵万物呢——若为前者，则近神；若为后者，则圣贤也。

桑奇大塔北门右柱内侧第二格浮雕，为"猕猴献蜜"〔2·122〕。世尊之在场，依然是以菩提树、金刚座为象征，旁边点缀花树和波吒厘树，以表世尊与比丘僧小憩之清境。礼佛的男女，以表故事发生后总要有的欢喜赞叹。经文中，猕猴乃一只，浮雕中，却是两只。那么应是用来表示前后连续的两个情节，即先之出场的索钵，后之出场的奉蜜。是猕猴虽二，其实一也。前节所举拉合尔博物馆藏西尔克里出土石塔塔身十三幅佛传图，其中猕猴献蜜一幅，也用着同样的表现手法，不过是把猕猴安排在佛像两边[2]〔2·123〕。巴黎吉美博物馆藏一方犍陀罗石雕残件所存"猕猴献蜜"故事，则是布置为上下两个画面：上边一幅为索钵，下边一幅为奉蜜[3]〔2·124〕。龟兹石窟的同题壁画，情节最为俭省，如克孜尔第三十八窟左室券顶壁画"猕猴奉蜜"[4]〔2·125〕。敦煌早期佛传图中不表现这一故事，出现"猕猴奉蜜"的壁画，是在集中表现佛陀事迹的"八塔变相"，即莫高窟第七十六窟东壁门北侧"八大灵塔"中的第七塔，时代为宋。主画面之外，又绘出攀树取蜜、欢喜舞蹈、跌落井中、命终升天的情节，并有榜题演述故事内容[5]〔2·126〕。

---

1 《大正藏》第四卷，页430。
2 栗田功『ガンダーラ美術·Ⅰ·佛伝』(改订增补版)，图三四八。
3 此为参观博物馆所摄。
4 周龙勤等《中国新疆壁画艺术》第一卷，图一一二。
5 樊锦诗《敦煌石窟全集·4·佛传故事画卷》，图一九一至一九二。

2·122 猕猴献蜜 北门右柱内侧第二格 　　2·123 猕猴献蜜 拉合尔博物馆藏

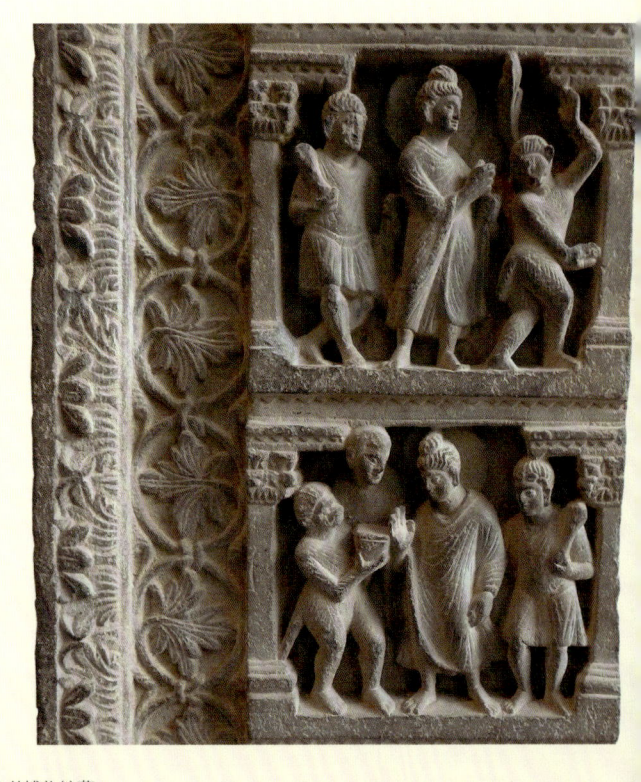

2·124 犍陀罗石雕及局部 巴黎吉美博物馆藏

2·125 猕猴奉蜜
克孜尔第三十八窟左室券顶壁画

2·126 猕猴献蜜 莫高窟第七十六窟东壁门北侧（宋）

第七节

大般涅槃

"大般涅槃",是一句汉梵合成的词。若为梵语,则即"摩诃般涅槃那"。隋灌顶《大般涅槃经玄义》曰:"摩诃,此翻为大;般涅,此翻为灭;槃那,此翻为度。是为大灭度也。"[1] 世尊在成佛以前都处于菩萨地的修行,因此在业力和愿力的作用下,不断轮回转世,成佛之后,便可以超脱轮回之苦,是得到了最终的解脱。

关于世尊的晚年,佛经中有很多记载,《增一阿含经》卷十八中一段很日常的纪事,却是教人动容。经云:世尊在舍卫国祇树给孤独园时,阿难来至世尊所,"以两手摩如来足",以此为世尊暖脚,因感觉到世尊的衰老,于是说道"天尊之体,何故乃尔,身极缓尔。如来之身不如本故"。"世尊告曰:如是,阿难,如汝所言。今如来身皮肉已缓,今日之体不如本故。所以然者,夫受形体,为病所逼,若应病众生,为病所困;应死众生,为死所逼。今日如来,年已衰微,年过八十。""阿难闻此语已,悲泣哽噎,不能自胜,并作是语:咄嗟,老至乃至于斯。"[2] 世尊之衰老,一如常人,也正如他自己的比喻,是如同一辆用旧了的破车[3]。可以说,佛经中的相关记载,"包含有一个老年人的疲劳和苦难的平凡而动人的写照。如果不是在传说中已经有了这种疲劳和苦难的情况,后人是不会把它插入经文中去的。虽然事迹和简短的训诫以非艺术性的方式

---

[1] 《大正藏》第三十八卷,页2。
[2] 《大正藏》第二卷,页637。
[3] 即所谓"犹如破车毂,强载曳此身",《佛本行经》卷五,《大正藏》第四卷,页97。

结合在一起，但是当佛陀感觉他的生命快要结束之时，将他认为最重要的事情告诫弟子们，这一想法并非不可能的事"[1]。

关于世尊最后的告诫，《长阿含经》卷三《游行经》如是记载——"尔时世尊，自四牒僧伽梨，偃右胁如师子王，累足而卧。时双树间，所有鬼神笃信佛者，以非时花布散于地。尔时世尊，告阿难曰：此双树神以非时华供养于我，此非供养如来。阿难白言：云何名为供养如来？佛语阿难：人能受法，能行法者，斯乃名曰供养如来"[2]。此时此刻，此境此情，此一句平实之语，却最可见出圣贤气象。鲜花供养，实在只是形式也，重要的是佛法已建，有了修为的方向和准则，所谓"当自炽燃，炽燃于法，勿他炽燃。当自归依，归依于法，勿他归依"[3]，世尊所希望的不是个人成为崇拜对象，不是鲜花、名香等形式上的供养，而是佛法为信众所依循，便是经文起首处常说的"如是我闻"，结末处常有的"欢喜奉行"。而如来之入灭，也正是完足了自己的一生实践。

据巴利文《长尼迦耶》第十六《大般涅槃经》，"佛陀进入涅槃，阿那律念偈颂道：

"如此心定者，无须出入息，无欲则平静，牟尼命断绝，他以不动心，忍住诸种受，心已得解脱，犹如灯火灭。

"佛陀进入涅槃时，阿难念偈颂道：

"此刻有恐怖，令人毛发竖，具备一切德，正等觉涅槃。

"佛陀进入涅槃时，一些尚未离欲的比丘伸臂痛哭，倒地翻滚，说道：'世尊涅槃过早！'而一些已经离欲的比丘保持清醒，守住意念，说道：'诸行无常。'阿那律对众比丘说道：'行了，朋友们，别悲伤，别哭泣。世尊不是说过，我们必定与亲爱者分离。凡出生者，存在者，聚合者，必定毁坏。怎么可能不毁坏？'

---

[1] 查尔斯·埃利奥特《印度教与佛教史纲》（第一卷，李荣熙译），页266。
[2] 《长阿含经·游行经》，《大正藏》第一卷，页21。
[3] 同1，页15。

"阿那律和阿难互相说法，度过夜晚余下时间。然后，阿那律吩咐阿难去拘尸那罗，通知末罗族人世尊已经进入涅槃。末罗族人听到这个消息，无不悲伤哭泣。他们来到沙罗林，一连六天，用歌舞、音乐、花鬘和香料供奉佛陀遗体。第七天，末罗族八位头领把佛陀遗体从北门抬到城中，出东门抬到城东，把佛陀遗体安放在天冠塔。末罗族人按照火化转轮王的方式替佛陀裹尸下棺，堆积香木。末罗族四位头领用火点香木，香木不燃。这时，摩诃迦叶[1]与五百位比丘从波婆城来到拘尸那罗，途中闻讯佛陀进入涅槃，立刻赶来天冠塔，向佛陀遗体右绕三匝，合十行礼。随即，香木不点自燃"。[1]

位于桑奇大塔北门正面右柱内侧第一格的"大般涅槃"，是天人和信众供养赞叹的景象。浮雕中的塔，似乎就是桑奇大塔的设计小样，不过是三重栏楯，比大塔更多一重。环塔有一根细绳，细绳间系曲橛，曲橛上面悬挑花蔓，使之状如波浪，曲橛下面垂系埃及样式的莲花。《十诵律》卷四十八记给孤独居士以起塔事问世尊，其中说到塔身之装饰——"是中无著华处，是事白佛。佛言：听作安华物。著华已器满，佛言：应施曲橛。施曲橛亦满，佛言：应周匝悬绳。时居士作是念：佛听我作摩尼珠鬘、新华鬘者善，以是事白佛。佛言：听作"[2]。若依经文所言，则世尊住世的时候，这种做法就已经确定下来。而曲橛上面悬挑的便是"新华鬘"，亦即鲜花结成之蔓。塔两边依然是半人半鸟的天人，而比通常的图式多出一对。栏楯两侧是手持花蔓的两对供养人〔2·127〕。

大塔下面，举幡、持器以及以音乐供养的礼佛者，以容貌、服饰的殊异而显示出信众是来自八方四域。鼓角齐奏之外，底端一排尚有一人头戴尖顶帽，吹奏双管长笛，此笛，学者考证它为兴盛于希腊罗

---

[1] 郭良鋆《佛陀和原始佛教思想》，页109～110。
[2] 《大正藏》第二十三卷，页351。

2·127 大般涅槃 北门右柱内侧第一格

2·128:1 希腊陶瓶
大英博物馆藏

2·128:2 罗马青铜小雕像
大英博物馆藏

2·128:3 罗马红陶灯
大英博物馆藏

马时代且流行于中亚地区的一种乐器，名曰奥洛斯，雕塑、绘画以及装饰纹样中常常可以见到吹奏奥洛斯的形象[1]〔2·128〕，它并且还传入中土，出现在河南济源汉墓[2]〔2·129〕。可以补充的是，奥洛斯在更晚

---

[1] 如大英博物馆藏希腊陶瓶（公元前五世纪）、罗马青铜小雕像（公元一到二世纪）、罗马红陶灯（公元二世纪）。三例均为参观所见并摄影。
[2] 谢明良《从河南济源汉墓出土的一件釉陶奏乐俑看奥洛斯传入中国》，（台北）《故宫文物月刊·338》。济源汉墓出土釉陶奏乐俑，见李彩霞《济源西窑头村M10出土陶塑器物赏析》，《中原文物》二〇一〇年第四期。

第一章 佛传故事 131

桑奇三塔

2·129 歌舞伎乐俑 济源窑头村十号墓出土

的时候，又现身于西域佛寺，如新疆喀什地区巴楚县图木舒克遗址发现的柱头装饰[1][2·130]。图木舒克佛教建筑的始建时期约在三至四世纪。

桑奇大塔浮雕中的"礼敬佛塔"尚有多幅，就图像表现元素来看，似可视作简化了的"大般涅槃"，如南门正面第三横梁左端上方短柱[2·131]，如西门正面第三横梁的左右两端[2·132~133]，又背面第二横梁上方左右两端的短柱[2·134]，基本构图都是一致的，当是遵循着既有的图式。

佛像出现之后，拓展了对于举哀场景的想象空间，后世涅槃图中，围绕着世尊的弟子们悲情各异，至有擗踊号啕者。然而世尊已知即将灭度前的平静，数番平实而闪射着智者光芒的教诲，终究是无法传达——"人能受法，能行法者，斯乃名曰供养如来""于我现在及我灭后，汝等自为洲渚，自为归依；法为洲渚，法为归依。无别洲渚，无别归依"[2]。

1　伯希和《图木舒克·图版卷》[*Toumchouq（Planches）*，L. Hambis]，巴黎，一九六一年。
2　《根本说一切有部毗奈耶杂事》卷三十六，《大正藏》第二十四卷，页387。

2·130 吹奏奥洛斯
采自《图木舒克》

2·131 礼敬佛塔 南门正面
第三横梁左端下方短柱

2·132 礼敬佛塔
西门正面第三横梁左端

2·133 礼敬佛塔 西门正面第三横梁右端

2·134 礼敬佛塔
西门背面第二横梁
上方右端短柱

八分舍利

巴利文《长尼迦耶》第十六《大般涅槃经》云，"佛陀遗体火化后，皮肉筋髓荡然无存，只剩下舍利。末罗族把佛陀舍利安放在集会厅，以矛作栅栏，以弓作围墙。一连七天，用歌舞、音乐、花鬘和香料供奉佛陀舍利。各地闻讯佛陀进入涅槃，派遣使者前来请求分得一份佛陀舍利，建塔供养。在婆罗门头那主持下，舍利平均分作八份，摩揭陀的阿阇世王、吠舍离的离车族、迦毗罗卫的释迦族、阿罗迦波的跋离族、罗摩伽摩的拘利族、吠特岛的婆罗门、波婆的末罗族和拘尸那罗的末罗族，各得一份。头那本人留下舍利瓶。毕钵的孔雀族使者来晚了，只能取回骨灰。这样，各地共建起十座塔，其中八座是舍利塔，一座是瓶塔，一座是灰塔"[1]。八分舍利的故事，在后世得到证实。一八九八年，一位名叫朴贝的法国考古学者，在尼泊尔南境的比普拉巴地方，发掘到了一处灵塔的古迹，其中有一个舍利瓶，为古代陶器，瓶之外侧刻有印度古文，意谓"此系世尊之舍利瓶，系释迦族人和他们的兄弟姐妹妻子，以信之心安置奉祀者"[2]。不过舍利未曾八分之前，当是有过一番激辩的。

除了吠特岛的婆罗门，要求分得一份遗骨的部族，都是刹帝利种姓。然而拘尸王拒绝了求分舍利之请，他说，"世尊垂降此土，于兹灭度，国内士民，当自供养。远劳诸君，舍利分不可得"[3]。因此几乎酿成一场战争。马鸣《佛所行赞·分舍利品》云七国诸王求分舍利被拒，于是兴兵前来，"象马车步众，围绕鸠夷城。城外诸园林，泉池花果树，军众悉践蹋，荣观悉摧碎。力士登城观，生业悉破坏。严备战斗具，以拟于外敌。弓弩抛石车，飞炬悉发来。七王围绕城，军众各精锐。羽仪盛明

1　郭良鋆《佛陀和原始佛教思想》，页110。
2　于凌波《释迦牟尼与原始佛教》，页292，东大图书公司，一九九三年。
3　《长阿含经》卷四《游行经》，《大正藏》第一卷，页29。

2·135 南门背面

显,犹如七耀光。钟鼓如雷霆,勇气盛云雾"[1]。战云密布之状具体而生动,有如戏剧脚本。

"八分舍利"在桑奇大塔浮雕中共有两处,其一位于南门背面第三横梁;其一位于西门背面第一、第二横梁。南门浮雕表现的便是守城和攻城的激战场面〔2·135〕。《中阿含经》卷一《城喻经》述世尊以王城为喻,为诸比丘说法,曰王城欲不为外敌所破,要须七事具足,四食丰饶。所谓"七事具足",即"造立楼橹,筑地使坚";"掘凿池堑,极使深广";"周匝通道,开除平博";"集四种军力:象军、马军、车军、步军";"豫备军器:弓、矢、鉾、戟";"立守门大将,明略智辩,勇毅奇谋";"筑立高墙,令极牢固,泥涂垩洒"[2]。南门浮雕"八分舍利"中的战争场景,差不多就是这"七事具足"的具体呈现〔2·136:1〕。

横梁中心,是兵临城下的拘尸那罗城,城上有另外接出来的建筑,应即所谓"楼橹"。慧琳《一切经音义》卷二十"楼橹"条:"《释名》云:

---

[1] 《大正藏》第四卷,52。
[2] 《大正藏》第一卷,页422。

2·136:1 八分舍利 南门背面第三横梁

2·136:2 八分舍利·楼橹之一 南门背面第三横梁　　　　2·136:3 八分舍利·楼橹之二 南门背面第三横梁

橹,露也。上无覆屋,施以拒战也。"又卷二十一"楼橹却敌皆悉崇丽"条曰:"《切韵》称城上守御曰橹也,绕城往往别筑迥起土台,名为却敌,既高且饰,故云崇丽也。"

楼橹中,有守望者、引弓射箭者、高举宽刃剑者、举石向下投掷者〔2·136:2~3〕。城门右边,城壕上方尖拱窗下端坐的一位,当是指挥防御的拘尸那罗城主。下方城壕里,一人攀缘欲上,一人对着城头张弓待

2·136:4 八分舍利 南门背面第三横梁

2·136:5 八分舍利 南门背面第三横梁

发,一人左手持盾,右手持矛,与城头高举石块却敌者对峙〔2·136:4〕。城门左边,一支军队已迫近城外的一道女墙,持兵者在前,挽弓者在后,上方楼橹中的抛石者已经对准了目标〔2·136:5〕。

　　城池两边,是仍在向着拘尸那罗城进发的马军和象军〔2·136:1〕。史诗《摩诃婆罗多》中的一番形容很像是它的画外音——"有一天,那位臂膀强健的豆扇陀国王,率领众多的步兵和战车,前往一处茂密的森

2·136:6 八分舍利·凭栏的女人 南门背面第三横梁

林,左右簇拥着数以百计的骏马和大象(译注:这里是讲国王率领步、车、马、象四个兵种)。数以百计的英勇的士兵,身佩大刀利剑,手握大杵和棍棒,或手持梭镖,或手操长枪,围绕着他前进。士兵们发出狮子的吼声,螺号和战鼓的吹奏声,车轮滚动的辚辚声,混合着雄伟的大象的嗷嗷长鸣。又交织着骏马的萧萧嘶鸣,摩擦的沙沙声,咚咚的撞击声,和欢快的叽里呱啦声,在那位国王的行进之中。因为国王十分漂亮,许多女子站在宫楼顶上,观看这位为自己赢得荣耀的英雄"[1]。史诗与浮雕细节的相似,甚至包括了城楼中凭栏下望的女人——大塔浮雕指挥却敌的城主上方,露台上一位伸腰俯首的女子,视线正对着逼近城门的骑士〔2·136:6〕。是对即将爆发的大战之恐怖,还是美人慕英雄?似非前者。

浮雕中,两边围城大军的上方,各有向后折回的一支象军,大象头上顶着一个舍利盒,此即八分舍利之后的息兵回师。两支象军且分别向着左右继续延伸,直到横梁的画面尽端〔2·136:7~10〕。

---

[1]《摩诃婆罗多》(一)《初篇·六三》(金克木等译),页164,中国社会科学出版社,二〇〇五年。

第一章 佛传故事 139

2·136:7 八分舍利·回军之一 南门背面第三横梁左段

2·136:8 八分舍利·回军之二 南门背面第三横梁左段

2·136:9 八分舍利·回军之三
南门背面第三横梁右段

2·136:10 八分舍利·回军之四 南门背面第三横梁右端

2·137:2 运送舍利（侧面） 巴尔胡特大塔栏楯角柱

2·137:1 运送舍利（正面）
巴尔胡特大塔栏楯角柱

  骑象运送舍利的图像，在此前的巴尔胡特大塔浮雕中已经出现，或布置在角柱的正侧两面，或是栏楯顶部的笠石之侧面[1]〔2·137~138〕。而这一图式，在桑奇之后的佛教艺术中尚继续沿用。精好之例，即如中国

---

1 今藏加尔各答博物馆，照片为参观所摄。

第一章　佛传故事　141

桑奇三塔

2·138 运送舍利 巴尔胡特大塔浮
印度国家博物馆藏

　　国家博物馆藏出自榆林窟的一件牙雕龛像¹〔2·139〕。龛像高十五点八厘米，宽七点五厘米，厚三点九厘米，系对开的两片，中以一枚合贝相连，因得开合之便。打开来，每片内里各有二十七个小格，每个小格各雕一个佛传故事；合起来，则两面各成一幅相同的骑象运送舍利图。除舍利容器由盒变成了塔，其他构图因素多与早期相类。牙雕龛像的时代一说约当七、八世纪至十一世纪，一说在六至八世纪²。似以后说为是。

　　稍晚于南门的大塔西门背面第一、第二横梁"八分舍利"浮雕，是表现来自八国的国王前往拘尸那罗城求取佛舍利〔2·140~142〕。骑象，乘车，骑马，盛大的出行队列几乎布满两个横梁，走在最前面击鼓、吹笛、吹螺贝的乐队，是煊赫的导从。八柄伞盖之下，分别是八位国王。画面左端则即拘尸那罗城。第一横梁乐队中的前面两位，手持鼓桴，胸

1　此与广为流行的携带式檀龛当属同一类，只不过制作材料用了象牙。卢照邻有《相乐夫人檀龛赞并序》，所谓"敬造灵龛、奉图真相。青莲皓月，争华蚊睫之端；宝树天花，竞爽鸿毛之际。纳须弥于纤芥，尝谓徒言；置由旬于方寸，今过其实"云云，是体量小而图像精细为此类龛像特色也。
2　阎文儒《谈象牙造像》，页81～84，《文物参考资料》一九五五年第十期；梁丰《"牙雕佛传造像"的释读及其它》，页120～127，《中国历史博物馆馆刊》一九九九年第一期。后说并认为它是中亚、西域的作品。

142

2·139:1 榆林窟出土牙雕龛像 中国国家博物馆藏

2·139:2 榆林窟出土牙雕龛像（打开）

2·140 八分舍利 西门背面第一、第二横梁

2·141:1 八分舍利 西门背面第一横梁右段

2·141:2 八分舍利 西门背面第一横梁左段

2·141:3 八分舍利 西门背面第一横梁左段局部

2·142:1 八分舍利 西门背面第二横梁右段

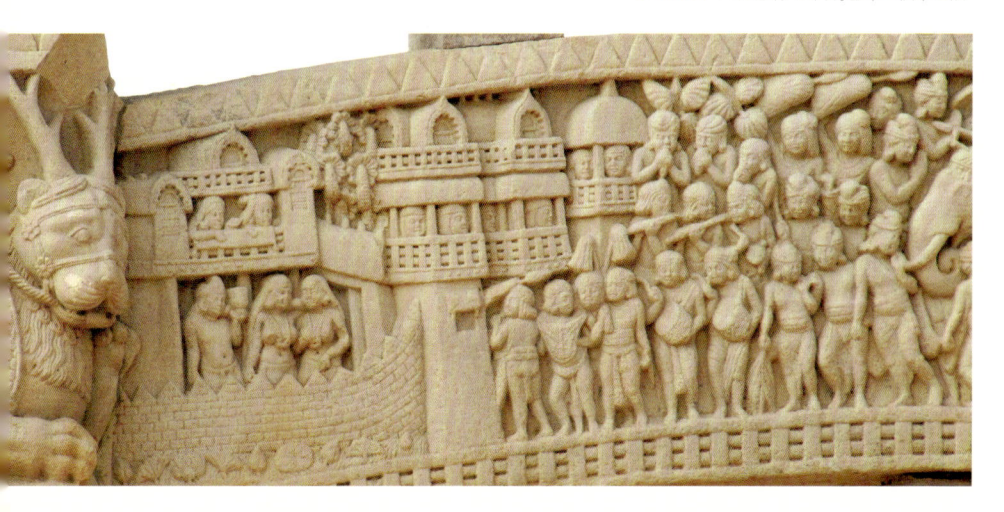

2·142:2 八分舍利 西门背面第二横梁左段

2·143 八分舍利 大英博物馆藏

前挂着以绦绳绕结其表的短框鼓,或曰此即答腊鼓之原型[1][2·141:3]。答腊鼓、揩鼓,都是它东传后的名称。楼观城堞凭高下望的男女,依然是工匠的用心之处。从传统艺术和世俗生活中生长出来的早期佛教艺术,就知、觉、情的表现来说,总觉得以情为最好。

佛传故事中的八分舍利图,如桑奇浮雕一般表现为壮阔的战争场面者,在犍陀罗艺术中似乎鲜见,而以独幅为多[2][2·143],但在龟兹壁画中却有不少。克孜尔第二二四窟左甬道内侧壁的八分舍利图,下方是围城之师,上方中央为均分舍利的婆罗门,两侧是手捧舍利盒的诸王[3][2·144]。痛心的是壁画昔年惨遭割剥,今分藏两国。

关于八分舍利,福歇的一段话很有意思,他说,"我们知道最终在

---

1 林谦三《东亚乐器考》(钱稻孙译),页86,音乐出版社,一九六二年。
2 此例为参观所见并摄影。
3 今藏柏林亚洲艺术博物馆(壁画上部的婆罗门图今藏东京国立博物馆)。周龙勤等《中国新疆壁画艺术》第二卷,图一五五,新疆美术摄影出版社,二〇〇九年。

2·144:1 八分舍利及局部 克孜尔
第二二四窟左甬道内侧壁画

2·144:2 八分舍利及局部一

中国（按此处指印度中部的一个王国——译注）的八个城镇中分配的不是佛的遗物，而是佛的传说。与它们相邻的是八个被认为保存有佛祖八大奇迹遗址的圣地，这意味着它们构成了吸引朝圣者的许多朝圣中心，香客们有组织地朝拜圣地肯定能带来可观的收入——这是印度幸存下来的少数行业之一"[1]。

---

[1] 阿·福歇《佛教艺术的早期阶段·舍卫城大神变》（王平先等译），页120。

第二章　本生故事

第一节

《本生经》最早起源于佛说，编纂出来的时间也很早。把释典中的本生故事勾稽出来，很像是多卷本的佛陀前传总集，即他前世为白象，为猕猴，为孔雀，又或某某王——如五欲俱备的顶生王，等等，禽鸟虫鱼的世界他皆曾在无数轮回中身历，以是历经磨难，舍身救世，修行"六度"（布施、持戒、忍辱、精进、禅定、智慧），最终觉悟成佛。在佛教艺术中，本生故事常常会同佛传故事安排在一起。

本生，梵名 Jātaka。本生故事的素材，有不少是直接取自印度旧有的寓言故事。因此也不妨说，经典中的本生故事，乃是民间故事的佛教化。那么图像中的本生故事，便是民间艺术的佛教化。

印度佛教艺术中，今天所见，最早的巴尔胡特大塔浮雕存本生故事十九幅[1]，晚于它的桑奇大塔，塔门浮雕共有五幅，即南门背面第二横梁和北门背面第一横梁的六牙象王本生，北门正面及背面第三横梁太子须大拏本生，西门左柱内侧睒子本生，西门正面右柱大猴王本生，北门正面第三横梁右端的独角仙人本生。睒子本生和太子须大拏本生之外，其他三个均已出现在巴尔胡特大塔浮雕，马歇尔说，"在巴尔胡特栏楯装饰题材中占很大比例的佛本生故事，据考证其大多数只是被赋予了佛教新内容的古老传说。这些故事数量之多，形式之成熟，都说明木料为石料代替之前很长一段时期中，它们已为佛教雕刻家们所喜好，极有可能早在佛陀之前就成了印度雕刻家们惯用的题材"[2]。

---

1 依淳法师《本生经的起源及其开展》，页 51～52，佛光出版社，一九八七年。
2 约翰·马歇尔《犍陀罗佛教艺术》（王冀青译），页 8，甘肃教育出版社，一九八九年。

六牙象王本生

六牙象王本生故事,《六度集经》列在"六度"中的"持戒"一类。起首便云"昔者菩萨身为象王""每以普慈拯济众生,誓愿得佛,当度一切"。它是印度早期佛教艺术中的流行题材,阿·福歇《六牙象王本生故事》一文对桑奇浮雕之外的同题图像有很精采的分析和讨论[1]。

在桑奇大塔,此图布置于南门背面的第二横梁,画面从左向右展开,颇像是一出多幕剧,数一数六牙象王有几只,就可以分出幕次〔3·1〕。

左端是大幕开启处,六牙象王第一次上场。如同世间的王族出行,象王出行,也有作为侍从的小象在上方用鼻子擎举伞盖和拂尘。与象王并行而身量小一点儿的便是嫡妻,一只温顺的母象。上方边缘处一只露出长牙的象,身子几乎尽被擎举拂尘的象掩住,此即象王的小妻。画面下方一溜儿莲花和莲叶,单独看起来很有写实的意味,排列成行,便像是作为花边的图案,其实是用来开启下面的情节〔3·2:1〕。

象王再次出现的时候,则是显露温情的一刻——两只象面对面,长鼻卷起来碰触在一起。《六度集经》曰:"象王于水中得一莲华,厥色甚妙,以惠嫡妻。嫡妻得华,欣怿曰:冰寒尤甚,何缘有斯华乎",此即仿佛图解。然而此之温柔,却种下了彼之仇恨。"小妻贪嫉,恚而誓曰:'会以重毒鸩杀汝矣。'结气而殒。"[2] 仍是在画面上端,以母象的掉头而行表示它此生的谢幕〔3·2:2〕。

一株生满气根的大榕树分出小妻的前世今生。象王在侍卫的簇拥下

---

[1] 阿·福歇《佛教艺术的早期阶段》(王平先等译),页164～179,甘肃教育出版社,二〇〇八年。
[2]《大正藏》第三卷,页17。按《杂譬喻经》所述这一情节也很别致:"象王有二夫人,一人年长,一人年少。每出游戏时,夫人扶左右。时王出戏,道过一大树,树花茂好,欲取二人身上以为光饰。鼻绞树而摇之。风吹树花,独落大夫人上,小夫人在下风,不得华。谓王为有偏意,内生毒心。"《大正藏》第四卷,页504。

3·1 六牙象王本生 南门背面第二横梁

3·2:1 六牙象王本生
南门背面第二横梁

3·2:2 六牙象王本生
南门背面第二横梁

3·2:3 六牙象王本生
南门背面第二横梁

第三次登场。象群中多了一个走在前面用长鼻卷提净瓶的侍从,以暗示即将发生的施舍故事 [3·2:3]。这一幕像是过场,只是表明时空的转换。工匠大约是假定所有的参拜者对故事内容全部了然于心,到这里来不过是看他怎样施展叙述手法使早已熟悉的故事再次动人,又或者,他是用情节提示的方法,使人们重温佛说,因此这里不怕舍去很多内容。经云,小妻"结气而殒,魂灵感化,为四姓女。颜华绝人,智意流通,博识古今,仰观天文,明时盛衰。王闻若兹,娉为夫人。至即陈治国之政,义合忠臣,王悦而敬之,每言辄从。夫人曰:吾梦睹六牙之象,心欲其牙以为佩几,王不致之,吾即死矣。王曰:无妖言也,人闻笑尔。夫人言相属,心生忧结。王请议臣四人,自云已梦,曰:古今有斯象乎?一臣对曰:无有之也。一臣曰:王不梦也。一臣曰:尝闻有之,所在弥远。一臣曰:若能致之,帝释今翔于兹矣。四臣即召四方射师问之。南方师曰:吾亡父常云,有之,然远难致。臣上闻云:斯人知之。王即现之。夫人曰:汝直南行三千里,得山入山,行二日许,即至象所在也。道边作坑,除尔须发,著沙门服,于坑中射之。截取其牙,将二牙来"。

象王最后一次出现,也就是故事的终场。这一幕只有两个角色:象王和隐蔽在树后的张弓射箭者——正是奉命取牙的猎师 [3·2:4]。以

3·2:4 六牙象王本生 南门背面第二横梁

下的情节，这里也全部略去。《六度集经》云猎师按照夫人的嘱咐，"著沙门服"，亦即袈裟，象王因生恭敬之心，"象王见沙门，即低头言：和南道士，将以何事贼吾躯命？""和南"，是对长上表示敬意的问讯之语。猎师坦言"欲得汝牙"。于是象王舍牙，且曰"道士当却行，无令群象寻足迹也"。"却行"，即倒退而行，如此，群象循着足迹追索便会向着相反的方向。猎师去远，象王殒命，即生天上。"师以牙还，王睹象牙心即恸怖。夫人以牙著手中，适欲视之。雷电霹雳椎之，吐血死，入地狱。"末了，像多数本生一样，"佛告诸沙门：尔时象王者，我身是也。大妇者，求夷是。猎者，调达是。小夫人者，好首是。菩萨执志度无极，行持戒如是"。求夷，即俱夷，或作瞿夷，世尊为太子的时候所纳之妃。调达，即提婆达多，阿难的哥哥，世尊的从弟。从世尊出家，后学神通。再以后却是自建教团，分裂佛教，在佛本生故事中，多半是充当反面角色。好首，即孙陀利，世尊住世时，有淫女孙陀利于众中谤佛，《兴起行经》卷上《孙陀利宿缘经》有孙陀利过去宿世之因缘。

大塔北门背面第一横梁也有六牙象王本生，但却没有表现故事情节，倒像是一卷象王"行乐图"或大象采莲图〔3·3~4〕。不过，采莲也正是故事的一个关键起因。画面中心以一株大树中分为二，用长鼻卷起连枝带叶一束莲花的六牙象王分别出现在大树的两边，围绕象王而布置的图案也大体两边对称。下方照例是水波中的莲叶、莲花和莲蕾，不过很意外，画面右端的水里有一只被大象嬉弄着的大鳄鱼〔3·4：3〕，这是佛经中没有的情节，不知是捐赀人的意旨，还是工匠的趣味。

早于桑奇的六牙象王本生图，有巴尔胡特大塔栏楯浮雕。晚于桑奇者，有南印度安达罗王朝的阿马拉瓦提浮雕[1]〔3·5〕。圆形的空间里，以错落的山石、团扇式的林木以及山间岩洞布景，故事情节自下而上层层

---

[1] 肥塚隆、宫治昭『世界美术大全集·东洋编·13·インド』(1)，页136，图一一八，小学馆，二〇〇〇年。

3·3 六牙象王本生 北门背面第一横梁

3·4:1 六牙象王本生 北门背面第一横梁

3·4:2 六牙象王本生 北门背面第一横梁

3·4:3 六牙象王本生 北门背面第一横梁

3·5 六牙象王本生 阿马拉瓦提浮雕

展开。下方近缘处一湾莲池,象群方嬉戏于中。中间部分是象王出行,温柔的母象依偎在其左,鼻端卷着伞盖的侍从在其右,左端躬身掉转而去者似是心怀怨毒的象妻[1]。猎师奉命取象牙的情节安排在伞盖上方,象王在上,隐藏在坑里的猎师在其下。越过中间的山石和树,便是屈身伏地施舍象牙的象王,画面顶端则即猎师肩着象牙返回王宫复命。

犍陀罗艺术中的本生故事图不是很多。拉合尔博物馆藏六牙象王本生石雕残件,所存画面左半边为卧于象王腹下坑内施放毒箭和拔取象牙的猎师,由右半边的踏床和一角坐具,可知上面坐着的是夫人(或者还有王),旁立一人虽然残去了肩部以上,却仍可见出姿态的谦恭,当是献上象牙的猎师[2]〔3·6〕。

龟兹壁画中最多本生故事,而每以其中的一个典型情节作为叙事语汇。六牙象王本生便是选取最后一幕中的场景,如克孜尔第十七窟主室券顶左侧〔3·7〕,又克孜尔第二〇六窟左甬道内侧壁画[3]〔3·8〕。

---

1 这里画面的处理,颇似《根本说一切有部毗奈耶药事》卷十五记此故事的一段情节:菩萨作六牙象王时,其妻名曰拔陀,"于母象中,为最尊贵。是时象王出群,在于闲僻之处,有别雌象,端正悦意,诣象王处,共为私窃。既为夫妇,甚加怜爱,行住相随,意不相离,心相系著。时拔陀母象便生嫉妒,即自思念,作何方计,便我当得杀六牙象王并彼母象"。
2 栗田功『ガンダーラ美術・Ⅱ・佛陀の世界』,图八三八,二玄社,一九九〇年。
3 周龙勤等《中国新疆壁画艺术》第二卷,图五〇、图一三二,新疆美术摄影出版社,二〇〇九年。

3·6 六牙象王本生 拉合尔博物馆藏

3·7 六牙白象本生
克孜尔第十七窟主室券顶左侧

3·8 六牙白象本生 克孜尔第二〇六窟左甬道内侧壁画

汉文佛经中，六牙象王本生有好几种译本，情节内容不很相同，前面引述三国时代东吴康僧会编译《六度集经》卷四《象王本生》之外，又有北魏西域三藏吉迦夜与昙曜译《杂宝藏经》卷二《六牙白象缘》；马鸣撰、鸠摩罗什译《大庄严论经》卷十四；义净译《根本说一切有部毗奈耶药事》卷十五；失译《杂譬喻经》卷上《象王小夫人喻》。不过这个故事却没有成为玉门关以东佛教艺术中的流行题材。

睒子本生

睒子也是世尊的前生之一。睒子至孝，奉了双目失明的父母在山泽修行，"以草茅为庐，蓬蒿为席，清净无欲，志若天金"。一日，"二亲时渴，睒行吸水。迦夷国王入山田猎，弯弓发矢，射山麋鹿，误中睒胸。矢毒流行，其痛难言。左右顾眄，涕泣大言：谁以一矢杀三道士者乎？吾亲年耆，又俱失明，一朝无我，普当殒命" "王闻哀声，下马问曰：尔为深山乎？答曰：吾将二亲处斯山中，除世众秽，学进道志。王闻睒言，哽噎流泪，甚痛悼之。曰：吾为不仁，残夭物命，又杀至孝，举哀云：奈此何。群臣巨细莫不哽咽。王重曰：吾以一国救子之命，愿示亲所在，吾欲首过。曰：便向小径，去斯不远有小蓬庐，吾亲在中。为吾启亲：自斯长别，幸卒余年，慎无追恋也。势复举哀，奄忽而绝。"国王访得睒子父母，引至睒子身边，二老抚尸痛哭，"椎胸搏颊"，仰首呼唤来天、地、树、水诸神，"若子审奉佛至孝之诚上闻天者，箭当拔出，重毒消灭，子获生存，卒其至孝之行。子行不然，吾言不诚，遂当终没，俱为灰土"。其时诸神惊动，于是"帝释身下，谓其亲曰：斯至孝之子，吾能活之。以天神药灌睒口中，忽然得苏"[1]。

---

[1] 康僧会译《六度集经》卷五《睒道士本生》，《大正藏》第三卷，页24。同卷又有《菩萨睒子经》《睒子经》《佛说睒子经》。

3·9 睒子本生 西门左柱内侧第一格

睒子本生,故事并不长,但装满了大起大落的情节,而在桑奇大塔却只是占了西门立柱的一个方格〔3·9〕。场景安排在山中的苦行林里。右上角三座相连的草房,右边的两个屋顶上有两只嬉戏的猴子,此即经文所云以草茅为庐的"小蓬屋",中间一座似乎是把门开在后面,而在后墙放置着火盆和水罐——水罐在下,火盆在上,好像摞起来一般,这是桑奇浮雕惯用的对于透视感的表现方法。睒子的父母分别坐于各自草屋门口的蓬蒿之席,似即"清净无欲"之意。睒子之父绕膝也有一条禅带,如同太子须大拏本生故事里山间修行的须大拏。这是睒子父母的第一次出现。

下方一片水域,照例生着莲叶和莲蕾,两只水牛在里面洗澡,水边一株波吒厘树,树的前面是肩扛水罐的睒子。站在对面的合掌者,便是入山行猎的迦夷国王,但这却是他的第三次出场,属于后面的情节。与睒子取水相接的是国王的第一次出场,乃安排在画面的左下角。国王身穿猎装,手持之弓,是箭已出弦的收势,脚下是水边的树和树下的猎犬。两棵树之间一只水罐,水罐的主人已是中箭落水,正在试图拔出毒箭。睒子上方,国王第二次出场,即走向水涯询问受伤者究竟。紧接着他的

第二章 本生故事 159

3·10:1 睒子本生 塔克西拉出土石雕残件

再次出现，则是脱却猎装，易服往访睒子父母。

画面中间是树林和林中的鹿群，光明的结尾放在左上方。手持净瓶者为帝释天，他的右边是迦夷国王，左边是第二次出场的睒子父母，母亲的右手搭在下方睒子的肩膀上——感天动地的睒子死而复活了。

犍陀罗浮雕中，有出土于塔克西拉达摩罗吉河的石雕残件"睒子本生"，马歇尔把它归入成熟期的前阶段，并持以与桑奇同题浮雕作比，认为它使用的手法不是印度式，而是仿希腊神庙雕刻的横向一字排列法[1]：由石雕的残缺部分向左，手持箭筒者是国王的侍从，然后是身穿猎装张弓放箭的国王，图案式的山石、小草、岩窟里的狮子，表明故事发生的地点〔3·10:1〕。继而是中箭倒下的睒子，虽有残损，但斜插的一支箭尚见得分明。之后三次出场的国王都已经换了贵族装束，读图顺序则易为从左向右：睒子父母的草庐，前来告知噩耗的国王，国王引领老人至睒子遇难处。众人目光所及，是睒子的第二次出现，却是方死、方生，一身而二任——浮雕残了一部分，所存是他高举双臂的半面，上方悬空里的帝释天手握药瓶，身后为目睹奇迹的国王〔3·10:2〕。虽然就构图来说，与希腊神庙横楣浮雕的意匠相同，但就叙述语汇而言，其实依然更近于桑奇。

如同象王本生，在龟兹壁画，睒子本生也只是选取一个典型情节来表现故事内容，即以睒子父母并坐于草庐为背景，一边是睒子在池边取

---

1 约翰·马歇尔《犍陀罗佛教艺术》（王冀青译），页83。

3·10:2 睒子本生 塔克西拉出土石雕残件

3·11 睒子本生 克孜尔第十七窟主室券顶右侧

3·12 睒子本生 克孜尔第一一四窟主室券顶左侧

3·13 睒子本生 克孜尔第一八六窟主室右侧壁

水,一边是国王挽弓射箭,如克孜尔第十七窟主室券顶右侧壁画〔3·11〕。而第一一四窟主室券顶左侧和第一八六窟主室右侧壁的同题壁画,把草庐也省略了[1]〔3·12~13〕。

---

[1] 《中国新疆壁画艺术》第二卷,图四一;第一卷,图一九六;第三卷,图一四二。

第二章 本生故事 161

睒子本生既合情理，又合人情——睒子的至孝自不必说，此外，提瓶为父母汲水，《菩萨睒子经》《睒子经》等均提到其时睒子乃著鹿皮衣，因此会被捕猎麋鹿的国王所误伤，之后有国王的痛悔，更有睒子的复生，凡此种种，都很可以为中国人所理解、所接受，因此沿着东传的轨迹，一路行来，一面丰富着画面内容，一面不断使之中土化，而北魏流行的孝子图似乎也在它的图像表现方面起着重要作用。云冈第九窟前室浮雕睒子本生，是以西壁南侧至北壁东侧的六个画面连续展开[1]。麦积山石窟北魏第一二七窟窟顶前披壁画睒子本生则是颇有气势的通幅长卷[2]。敦煌壁画中的睒子本生见于六个洞窟，北周有五，隋代有一[3]。

大猴王本生

《六度集经》卷六《猕猴王本生》："昔者菩萨，为猕猴王，常从五百猕猴游戏。时世枯旱，众果不丰。其国王城去山不远，隔以小水，猴王将其众入苑食果。苑司以闻，王曰：密守，无令得去。猴王知之，怆然而曰：吾为众长，祸福所由，贪果济命而更误众。勅其众曰：布行求藤。众还藤至。竞各连续，以其一端缚大树枝。猴王自系腰登树投身，攀彼树枝，藤短身垂，勅其众曰：疾缘藤度。众以过毕，两掖俱绝，堕水边岸，绝而复苏。国王晨往案行获大猕猴，能为人语，叩头自陈云：野兽贪生，恃泽附国。时旱果乏，干犯天苑，咎过在我，原赦其余。虫身朽肉，可供太官一朝之肴也。王仰叹曰：虫兽之长，杀身济众，有古贤之弘仁。吾为人君，岂能如乎。为之挥涕。命解其缚，扶著安土。勅一国中恣猴所食，有犯之者罪与贼同。……佛告诸比丘：猕猴王者吾身是也，国王者阿难是也。五百猕猴者，今五百比丘是。菩萨锐志度

---

1 云冈石窟文物保管所《云冈石窟·二》，图二〇至二五，文物出版社等，一九九四年。
2 天水麦积山石窟艺术研究所《中国石窟·天水麦积山》，图一六七，文物出版社，一九九八年。
3 李永宁《敦煌石窟全集·3·本生因缘故事画卷》，页136，商务印书馆（香港）有限公司，二〇〇〇年。

3·14 大猴王本生
西门正面右柱第一格
陈菊霞摄影

无极,精进如是。"[1]

不过巴利文佛典中的《大猴王本生》起因部分与此不同。彼云:菩萨的某一前生为喜马拉雅山八万猴群之王,王率群猴往一株巨大的芒果树上食果,这时一个熟透了的芒果从斜伸到恒河之上的一枝树杈掉落,顺流而下,落到波罗奈国国王沐浴处的网中。国王吃下这一个味道绝美的芒果,不免希望得到更多,于是溯流而上,直到群猴聚集的芒果树下,遂命弓箭手布下包围圈。以下即为猴王舍身救众,待最后一只猴子逃生,因疲劳过度而掉进罗网云云[2],情节与《六度集经》大致相同。

桑奇大塔浮雕大猴王本生,位于西门正面右柱第一格〔3·14〕。纵贯画面的一条河在中间部分打了一个弯,为安排主要情节留出足够的空间,上方有一瀑悬流垂下来,河水的漩涡处是姿态各异的龟和鱼。群猴栖息的山林在右岸,国王布阵在左岸,身躯肥硕的猴王伸展四肢成为横跨两岸的一座桥。右岸的岩洞里、树枝上、山石间,是已得逃生的猴子。左岸以三个层次分别表现三个场景。下方第一层是国王和他的导从,前

---

[1] 《大正藏》第三卷,页32。
[2] 此据阿·福歇《佛教艺术的早期阶段·巴尔胡特浅浮雕中的本生故事》所引略述梗概(页33)。

3·15 大猴王本生 巴尔胡特大塔栏楯浮雕　　　　3·16 猕猴王本生 克孜尔第三十八窟主室券顶左侧

方一人身穿猎装，对着上方的猴王，弯弓将射。上方第一层是一株大树，树上的猴子正仓皇欲往河对岸。其下亦即中间一层，则已经是结局，便是树下对坐的国王和大猴王。旁边有两个人身前张起一物，对照巴尔胡特大塔同题浮雕[1]，可知这是罗网〔3·15〕。

　　龟兹壁画中的猕猴王本生属于早期者，为克孜尔第三十八窟主室券顶左侧的一幅〔3·16〕，就整个构图来看，很像是桑奇浮雕的减笔，而下方弯弓射箭的猎师尤其教人想到它的图式来源，因为《六度集经》中并没有这一情节。时代晚于它的克孜尔第十七窟主室券顶左侧同题壁画，猎师的形象便不见了[2]〔3·17〕。

---

[1] 今藏加尔各答博物馆，照片为参观所摄。
[2] 《中国新疆壁画艺术》第一卷，图一一三；第二卷，图四三。根据新疆龟兹石窟研究所《克孜尔石窟内容总录》（新疆美术摄影出版社，二〇〇〇年），第三十八窟的时代约为四世纪，第十七窟约为六世纪。

3·17 猕猴王本生 克孜尔第十七窟主室券顶左侧

独角仙人本生

独角（也称一角或鹿角）仙人本生，大约是早在印度广为流传的民间故事，它也见于《摩诃婆罗多》第三《森林篇》中的第一一〇章至一一三章，又《罗摩衍那》的《第一篇》八至十章。汉译佛经中提到它的有《佛本行集经》卷十六、《根本说一切有部毗奈耶破僧事》卷十二、《大智度论》卷十七等。《佛本行集经》只是简略述其梗概，《根本说一切有部毗奈耶破僧事》和《大智度论》则都是很生动的叙事，不过情节互有不同[1]。

《大智度论》卷十七《释出品》曰：世尊出家六年，觉悟成佛，返乡度化族人，罗睺罗之母耶输陀罗得与世尊重逢，恋慕之情不能去怀，因以重金募得一梵志制作"百味欢喜丸"，著佛钵中，孰料世尊食后如

---

[1] 《大智度论》为龙树作，龙树生活的年代约当二世纪末至三世纪初，但所述故事依然是古老的文本。

第二章 本生故事

常，身心无异。众比丘具闻此事，不免奇怪，于是世尊为比丘说本生因缘——"去久远世时，婆罗奈国山中有仙人，以仲春之月，于澡盘中小便，见鹿麠麏合会，淫心即动，精流盘中。麏鹿饮之，即时有娠。满月生子，形类如人，唯头有一角，其足似鹿。鹿当产时，至仙人庵边而产。见子是人，以付仙人而去。仙人出时，见此鹿子，自念本缘，知是己儿，取已养育。及其年大，勤教学问，通十八种大经。又学坐禅，行四无量心，即得五神通。一时上山，值大雨泥滑，其足不便，蹙地破其军持，又伤其足，便大嗔恚，以军持盛水，咒令不雨。仙人福德，诸龙鬼神皆为不雨"。以是国中大旱。国王得知其实，遂以"分国半治"为赏格征募能破除仙人神通者。"是婆罗奈国有淫女，名曰扇陀，端正无双，来应王募，问诸人言：'此是人、非人？'众人言：'是人耳，仙人所生。'淫女言：'若是人者，我能坏之。'作是语已，取金盘盛好宝物，语国王言：'我当骑此仙人项来。'淫女即时求五百乘车，载五百美女；五百鹿车，载种种欢喜丸，皆以众药和之，以众彩画之令似杂果；及持种种大力美酒，色味如水。服树皮，衣草衣，行林树间，以像仙人；于仙人庵边，作草庵而住。一角仙人游行见之，诸女皆出迎逆，好华好香供养仙人，仙人大喜。诸女皆以美言敬辞问讯仙人，将入房中，坐好床蓐，与好净酒以为净水，与欢喜丸以为果蓏。"以下情形可想而知，于是仙人失去神通，天为大雨。七日后酒果皆尽，女引仙人入城取果。去城不远的时候，女卧道中，曰疲极不能行，仙人遂负女于项。而女先已遣人报知国王，则"我当骑此仙人项来"的承诺，果然实现了。最后，"佛告诸比丘：一角仙人，我身是也；淫女者，耶输陀罗是。尔时以欢喜丸惑我，我未断结，为之所惑；今复欲以药欢喜丸惑我，不可得也"[1]。

桑奇大塔北门正面第三横梁右端浮雕，为独角仙人本生〔3·18〕。依然是以程式化的山中苦行林布景，不过林中的大象、狮子总是姿态不

---

[1]《大正藏》第二十五卷，页182。

3·18:1 独角仙人本生
北门正面第三横梁右端
张建林摄影

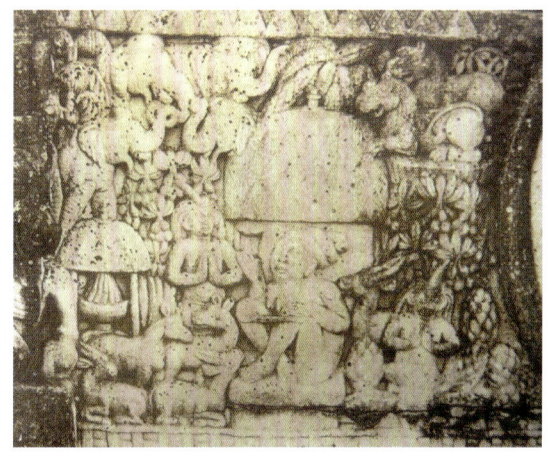

3·18:2 独角仙人本生
采自《桑奇遗迹》

同的。中间的草庐前面坐着独角仙人的父亲,左下方卧着母鹿,右下方一道铺满莲蕾的河流,一个头上长着一只尖角的合掌小儿坐在上面——独角仙人出生了。草庐左边,他又第二次出场,仍然是合掌的模样,身后一个小亭子,里面一个火盆。当是意味着长成后"又学坐禅,行四无量心,即得五神通"。后面的故事内容便不再表现。

印度早期佛教雕刻中,桑奇之外,取用这一题材的尚有巴尔胡特大塔栏楯浮雕,又分别出土于马图拉和桑格尔的石雕,后两例均为贵霜时代。

巴尔胡特大塔浮雕以苦行者的小草庐作为背景,在草庐前面展开故事的几个主要情节,即雌鹿饮溺、产子,独角仙人之父抱持养育,独角

桑奇三塔

3·20 独角仙人本生 马图拉出土

3·19 独角仙人本生 巴尔胡特大塔栏楯浮雕

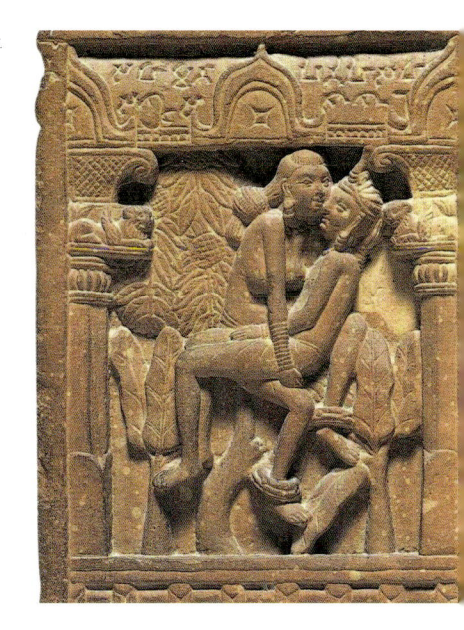

仙人发毒誓[1]〔3·19〕。马图拉出土石雕选了独角仙人破戒的场景[2]〔3·20〕，桑格尔出土石雕则是独角仙人背负女子进城，不过后者没有表现仙人头上的独角[3]〔3·21〕。这一情节选择似乎逐渐形成了传播的图式，龟兹和敦煌的同题壁画中都有如此形象，并且独角仙人好像也都没有绘出角来〔3·22~23〕。莫高窟北周第四二八窟东壁门南的一幅所据为《大智度论》，因此绘出佛说因缘之前的一个情节，即"耶输陀罗持一钵百味欢喜丸与罗睺罗，令持上佛"[4]。

不过，从世俗的角度来看，耶输陀罗前生之为淫女，却是以她的聪敏明慧解救了一国苦旱的灾难；此生为世尊之妇，与世尊重逢生出不能去怀之恋慕，也很见真情，经文中的一段描述，实为体贴其心的文字，

---

1 今藏加尔各答博物馆，照片为参观所摄。
2 『世界美術大全集・東洋編・13・インド』（1），页349。
3 古朴塔《桑格尔出土的贵霜石雕——公元一至二世纪》[*Gushāna Sculptures from Ssnghol* (*1st-2nd Century A.D.*)]，页75，新德里，一九八五年。
4 周龙勤等《中国新疆壁画艺术》第二卷，图五一；李永宁《敦煌石窟全集·3·本生因缘故事画卷》，图一五二。

3·21 独角仙人本生
　　 桑格尔出土

3·22 独角仙人本生
　　 克孜尔第十七窟
　　 主室券顶左侧

3·23 独角仙人本生
　　 莫高窟第四二八窟东壁门南（北周）

"是时，世尊食已出去，耶输陀罗心生悔恨：'如此好人，世所希有，我得遭遇，而今永失！'世尊坐时，谛视不眴；世尊出时，寻后观之，远没乃止。心大懊恨，每一思至，躄地气绝；傍人以水洒之，乃得苏息。常独思惟：'天下谁能善为咒术，能转其心令复本意，欢乐如初？'"是佛经故事中的饶有兴味者，仍在于世间情也。

第二章　本生故事　169

第二节

须大拏太子本生

须大拏是叶波国的王子,又作须达拏太子、苏达那太子等,意译为善施太子、善与太子、一切持太子。慧琳《一切经音义》卷三十三"须大拏"条:"或言须达拏,或云苏陀沙拏,此译云善与,亦言善施也。"[1] 太子"容仪光世,慈孝难齐",而尤以善施著称,且因此"光馨远被,四海咨嗟"[2]。他的惠施无极,金银珍宝、车马田宅自是不在话下,国之宝象,亲生儿女,结发之妻,亦无所不施,施之不悔。当然须大拏太子也是世尊的前生,"佛告诸比丘:吾受诸佛重任,誓济群生。虽婴极苦,今为无盖尊矣。太子后终,生兜术天,自天来下,由白净王生,今吾身是也""吾宿命来,勤苦无数,终不恐惧而违弘誓矣。以布施法为弟子说之"。

须大拏太子是本生故事中很有名的一个,在印度流传很广,并且存有仿佛斑斑可考的遗迹。《洛阳伽蓝记》卷五载录《宋云行记》曰:入乌场国,"鞞罗施儿之所,萨埵投身之地,旧俗虽远,土风犹存"。又曰善持山"山顶东南有太子石室,一口两房。太子室前十步有大方石,云太子常坐其上,阿育王起塔记之。塔南一里,太子草庵处。去塔一里,东北下山五十步,有太子男女绕树不去,婆罗门以杖鞭之流血洒地处,其树犹存。洒血之地,今为泉水。室西三里,天帝释化为师子,当路蹲

---

[1] 又同书卷四十七"苏达那等",释曰:"梵语,亦作苏陀沙等,此云善与,亦言好施。旧云须达拏,讹也"。

[2] 《六度集经》卷二《须大拏经》,《大正藏》第三卷,页7。按此篇引须大拏本生凡未注明者,均出此经。

坐遮嫚妭之处。石上毛尾爪迹，今悉炳然。阿周陀窟及门（闪）子供养盲父母处，皆有塔记"。鞞罗，即须达拏；嫚妭，即曼坻；善持山，檀特山也。阿周陀，即向太子要求施舍儿女与妻子的婆罗门。《大唐西域记》称檀特山为弹多落迦山，其卷二"弹多落迦山及其它诸遗迹"，亦记此事。而须大拏本生又早是以说唱及化妆表演等方式广播于四方。《法显传》记师子国佛事云，"佛齿常以三月中出之，未出前十日，王庄校大象，使一辩说人著王衣服，骑象上击鼓唱言：菩萨从三阿僧祇劫，苦行不惜身命，以国城、妻子及挑眼与人、割肉贸鸽、截头布施、投身饿虎不恪髓脑，如是种种苦行为众生故成佛。……如是唱已，王便夹道两边作菩萨五百身已来种种变现，或作须大拏，或作睒变，或作象王，或作鹿马。如是形像皆彩画庄校，状若生人"。此所谓以国城、妻子布施与人，即须大拏故事。

汉译佛经中，有单本《太子须大拏经》一卷，又《六度集经》卷二所收《须大拏经》、《菩萨本缘经》卷上《一切持王子品》[1]，也都是完整的叙事。依隋唐译经目录，译者分别为三国东吴支谦、康僧会、西秦圣坚。以文字及情节之繁简论，《菩萨本缘经》情节稍简，而更向着贴近情理的一面用力[2]，文字则散、偈相兼，颇多排比譬喻。《须大拏经》与《太子须大拏经》相较，前者乃以四言句式为主，文辞练达流畅，清疏典雅。后者特见语言平易，又情节增益及细节描写最多。

须大拏太子本生，乃大塔浮雕本生故事中篇幅最巨的一个，它占据了北门正面第三横梁的大半段和第三横梁背面除纵向方柱以外的全部〔3·24〕。北门其他故事性浮雕，独角仙人本生一幅之外，均为佛传，而作为佛陀前世之修行的本生，在这里与佛传应可视作一个整体。

故事第一部分的太子布施白象，安排在大塔北门第三横梁的正面中

---

[1] 以上三种，均收在《大正藏》第三卷。
[2] 须大拏布施儿女一节，唯此经言及须大拏曾有过片刻的犹豫，面面对妻子的质问，他也曾动慈悯之心而使得"其地有芭蕉树，举身战动"。

3·24:1 须大拏本生 北门正面第三横梁 张建林摄影

3·24:2 须大拏本生 北门背面第三横梁

3·25:1 须大拏本生 北门正面第三横梁中段 采自《桑奇遗迹》

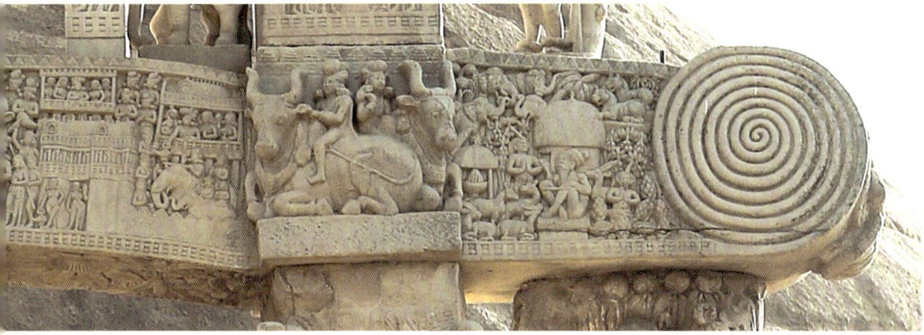
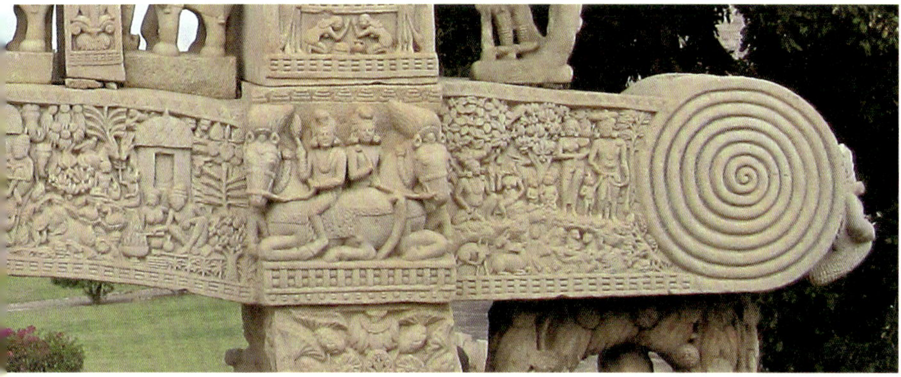
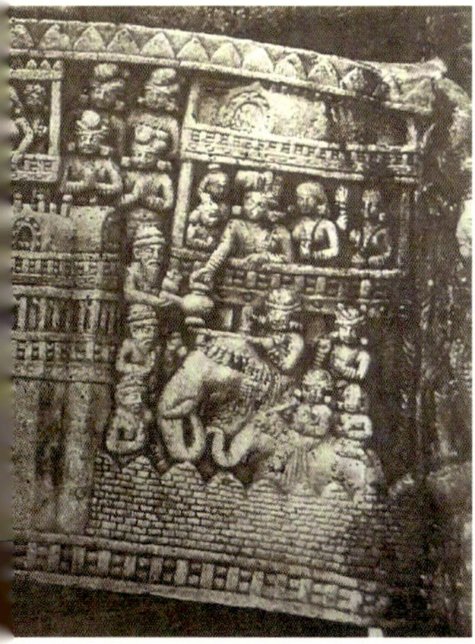
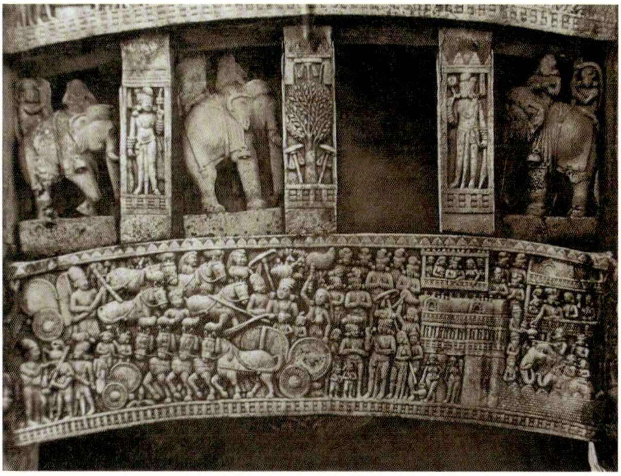

段，系从右向左循序展开[1]〔3·25∶1〕。

画面尽端处，城墙之内的层阁之上，一手扶栏、一手持净瓶者，为太子须大拏。层阁之下，大象一，小象一，大象上面的骑者为太子之妃曼坻，骑小象者，是太子的一双儿女，男名耶利，女名罽拏延。据《太子须大拏经》，其时耶利七岁，罽拏延六岁。前来这里求乞叶波国之宝象的三位婆罗门纵列于层阁之侧，最上方的一位，手放在净瓶流下，以见太子的"左持象勒，右持金瓫，澡梵志手，慈欢授象"，便是用"倾水示信"的方式，表明太子已经完成布施行为[2]。城门上方的高阁中，凭栏者为叶波国国王和王后，旁立随侍者。城门开启处一对女侍，其中一人手提净瓶，似在预告随后而来的继续布施的情节。两座高阁之间是四位合掌的天神，暗示所有的一切都是天神所布下的考验。

紧接着的两组图像，为拜别父母和布施车马。

太子将作为国之重宝、用以却敌的白象布施敌国，令叶波国群臣失色，于是奏白国王，请求将太子放逐檀特山，"十年之间，令惭自悔"。太子奉得王命，只提出一个愿望，即容他流放之前将私财尽行布施。完此心愿之后，乃携妻子儿女就道，驾车往檀特山。路途中，"又逢梵志来从乞马。以马惠之，自于辕中挽车进道。又逢梵志来丐其车，即下妻子，以车惠之"。至此，"太子车马、衣裘、身宝杂物，都尽无余"。

以城楼为界，画面完成了布施白象之后的几个情节跳跃。向左展开的便是另一个场景，即太子领着妻儿向父王和母后告别。画面中，形象最为高大的一位为国王，王后立于侧，其后是张伞盖、举拂尘的侍者。

---

1 此图采自《桑奇遗迹》（*The Monuments of Sanchi*）卷二，图版二三。
2 布施者与受施者的倾水示信，是印度的一种古老习俗，且保持得很长久。迦梨陀娑《行云使者》（徐梵澄译）第五九节 "横度君姿美，黝如大神足"，译注 "大神，乃维瑟努，第五世降生为一侏儒，往化雄猛之王子巴力（Bali）。时巴力已将诸天神皆驱逐出境矣，方为祭祀，祭祀已，布施如仪，此侏儒婆罗门踬行至其前，乞三步地以建一茅舍，巴力怪其所求之少也，许之，倾水于其右手以为示信"云云（页75，室利阿罗频多修道院，一九五九年）。此在佛经中有很多事例，而情景刻画的早期图像，可以举出印度巴尔胡特大塔栏楯浮雕中的《祇园布施》。

3·25:2 须大拏本生·布施车马
北门正面第三横梁

3·25:3 须大拏本生·布施车马
采自《桑奇遗迹》

上方七位天神站作两列，见证此情此景。

太子一家向左转身，即进入图画中的另一个单元：四人共乘一辆驷马车，向檀特山进发。马车上方一柄伞盖，仍在表明太子的高贵身分。与此同时，伞盖又成为画面中两段故事的一个分界。

依然是奔行的驷马车在铺展情节。马头前方，已是太子挽车、耶利和罽拏延乘车，曼坻与太子相傍而行。请求布施马匹的婆罗门站在前方，抬起的右手，正在承接净瓶之水〔3·25:2~3〕。在此我们看到，布施者向受施者"倾水示信"，作为完成布施行为的标识，是图像叙事中不可省略的细节。浮雕须大拏本生表现太子的布施凡四，同样的图式便出现了四次。至此左端的画面也分作上下两部，上方调转方向的马和马车，还有牵马赶车的婆罗门，表示受施者的欢喜而去。

越过纵向的方柱，画面继续展开：太子一家路经果木林中的村落，于是呈现一幅乡间小景。上方是香蕉和芒果树边的两间村舍，村舍前有玩耍笑乐的妇人与孩儿。林边四人，肩弓荷矛牵犬，扛着斩获之物狩猎归来。曼坻抱着罽拏延、太子手牵耶利从右端下方走进画面，神情快乐的村民站作齐整的一排，似在抚掌相迎〔3·25:4〕。《太子须大拏经》云："檀特山去叶波国六千余里。去国遂远，行在空泽中，大苦饥渴。忉利

第二章 本生故事 175

3·25:4 须大拏本生·化现村庄
北门正面第三横梁左端

天王释即于圹泽中,化作城郭市里街巷、伎乐衣服饮食。城中有人出迎太子,便可于此留止,饮食以相娱乐。妃语太子:'行道甚极,可暇止此不?'太子言:'父王徙我著檀特山中,于此留者违父王命,非孝子也。'遂便出城,顾视其城,忽然不见。"这一情节,唯见于此经,所谓"化作城郭市里街巷",或者是译笔的摇曳生姿,在桑奇浮雕中,则分明是村舍。须大拏本生东传,北魏造像碑据《太子须大拏本生》布置画像,也常取用"化城"一节,并且也不表现城郭,如北魏孝昌三年蒋伯仙弥勒造像碑,碑阴中间一段安排须大拏本生的"渡水"与"化城"两节,两个画面以山岭为间隔,"化城"之幅即以山林为背景,褒衣博带、头着笼冠者六,向着对面行来的太子拱手作恭迎状,以表示"城中有人出迎太子",榜题曰"到化城"[1]〔3·30〕。

转到塔门的后身,第三横梁背面依然是长卷一般的故事图〔3·24:2、3·26〕。

尽端处的一幅,是太子一家跋山涉水走向檀特山,而在同一个画面中切换场景。下方用极简的方法表现森林、岩窟、河水和山崖。一道流水中点缀着莲叶和花蕾,水波中一个巨大的石堰,石堰左上方有一个小

---

1 颜娟英《北朝佛教石刻拓片百品》,页65,(台北)中研院史语所,二〇〇八年。施萍婷等《敦煌石窟艺术·莫高窟第四二八窟(北周)》,论敦煌莫高窟第四二八窟须大拏本生中的"化城"之幅曰:"这独一无二的画面的出现,与北周时代朝廷提倡儒学有关。"(页23,江苏美术出版社,一九九八年)然而第四二八窟的这一幅,实非"独一无二"。

3·26:1 须大拏本生·渡河 北门背面第三横梁右端

孔，一股细流正从孔中泻出。石堰中央一个拱形岩窟，里面卧着两头狮子。上方是旅途中的太子一家。先是太子手牵耶利、曼坻抱着罽拏延涉水渡河，然后是太子夫妻在河畔山崖间的榕树下小憩，山中有觅食和休息的鹿群。不远处的芒果树下，是分食芒果的耶利和罽拏延〔3·26:1〕。

《太子须大拏经》云："转复前行到檀特山。山下有大水深不可度，妃语太子：'且当住此，须水减乃渡。'太子言：'父王徙我著檀特山中，于此住者违父王教，非孝子也。'太子即入慈心三昧，水中便有大山以堰断水，太子即与妃褰裳而渡。渡已，太子即心念言：'便尔去者，水当浇灌，杀诸人民，蜎飞蠕动。'太子即还顾谓水言：'复流如故。若有欲来至我所者，皆当令得渡。'太子适语已，水即复流如故。"可知画面水波中的石堰，则即"大山以堰断水"——大山如此突至，以至于还挟着岩窟里的狮子。而太子一家在水边林中小憩，便是表明"太子适语已，水即复流如故"。一道水流，表现了前后两个场景。与前引关于化城的叙事相同，渡河情节，也是仅见于此经[1]。

---

[1] 此经译者为西秦圣坚，但此归属未必十分可靠，见谢振发《北朝中原地区〈须达拏本生图〉初探》，《美术史研究集刊》第六期（台北，一九九九年），页5。不过谢文云故事中的"渡河"在现存印度造像中尚未发现，因此"可以了解渡河等图像实在是反映着北朝中原须大拏本生图的独特个性"（页19、21），不确。桑奇此幅即是完整的"渡河"场景。

第二章 本生故事　177

紧接着越过纵向的方柱，安排在横梁中段的几个情节方是故事的高潮部分。

左右着单元构图的仍是近方的布局，只不过没有作出明显的分割。第一单元中，略见前后三段景深：近景河塘，中景草庐，丛林为远景。分别层次的构图中包含着叙事，亦即故事的发展脉络。

近景中的河塘并不见水，只见嬉戏的大象、野鹜，还有布满水面的莲叶和莲蕾。右端一片灌木丛，边缘处一株芒果树。台基上面的火盆旁边坐着已经脱却贵族服饰的须大拏和曼坻。中景占据醒目位置的是一楹草屋，所谓"太子则法道人结头编发，以泉水果蔬为饮食，即取柴薪作小草屋"（《太子须大拏经》），是也。草屋的迎面墙壁上挂着一领蓑衣。耶利和罽拏延坐在屋外，上方是伸过头来衔食草叶的两只鹿，另有一只鹿偏着头卧在树丛里。屋外右侧一只牛。稍远处的丛林里一边是大象，还有摘取果实的一只猕猴，一边是露出头来的两只狮子〔3·26：2〕。这里的狮子和猕猴或即包含了这样一段叙事：《太子须大拏经》曰："时男耶利骑师子上戏，师子跳踉，耶利堕地，伤面血出。猕猴便取树叶拭其面血，将至水边以水洗之。太子在坐亦遥见之，曰：'禽兽乃有尔心'。"

丛林景色，是印度文学作品和图像艺术都十分擅长的表现题材。如《摩诃婆罗多》之《初篇·六四》："那条河流的沙洲上有成双成对的赤鹜，河面漂浮着花朵和泡沫，岸边有紧那罗成群安居，又有猿猴和熊黑不断出没。""神圣的诵经声顺着河水飘荡，几处沙洲更增添了美丽风光，醉象、猛虎和蛇王出没在河畔。"又《初篇·一一六》："盛春时节，树木枝头鲜花烂漫，一切众生都为之心迷神乱。一天，般度王偕同妻子在森林中漫游。林中的波罗莎树，提罗迦树，芒果树，赡波迦树，波利跋陀罗迦树，以及其它许许多多的树木，果实累累，鲜花吐艳扬芬。又有形状不一的湖泊，红莲灼灼的一处处莲池，森林中风光旖旎。"[1] 经文中

---

[1] 金克木等译《摩诃婆罗多》，页166～167、页291，中国社会科学出版社，二〇〇五年。

3·26:2 须大拏本生·山中修行 北门背面第三横梁

的檀特山,也是如此景象——"太子睹山,树木茂盛,流泉美水,甘果备焉。凫雁鸳鸯,游戏其间。百鸟嘤嘤,相和悲鸣。太子睹之,谓其妻曰:尔观斯山,树木参天,尟有折伤。群鸟悲鸣,每处有泉。众果甚多,以为饮食。唯道是务,无以违誓"。丛林生活即所谓"林栖",在印度文化传统中是理想人生的四个阶段之一[1],须大拏遵父命在山林中反省悔过,生活情景也大抵同于林栖[2]。所谓"太子则法道人"云云,此"道人",即指山中苦修的婆罗门。

长卷向着左面继续铺展,遂以图像上下并行或上下交错的方式,构筑大悲大喜的情节叙事〔3·26:3~4〕。

下方图像切换到须大拏山中修行时的另一个场景,画面出现的是太子和阿周陀,阿周陀乃是前来要求太子施舍一双儿女以为其妻做奴仆。与他相对而立的太子左手牵着赤条条的小儿女,右手持净瓶向阿周陀

---

[1] 古印度的吠陀时期,婆罗门提出的一种人生顺序,是"一个人的生活分成四个称作'ashramas'的阶段,这词意为'避难'。首先,他要是一个学习者,然后是一名家庭成员或家长,再后是一名脱离社会生活的隐士,最后是一位云游四方的苦行者"。当然"这种模式只适用于能够负担得起遵行此道的高等种姓,并且即令对高等种姓,这也主要只是一种理论上的安排"。R.塔帕尔《印度古代文明》(林太译),页37~38,浙江人民出版社,一九九〇年。

[2] 《菩萨本缘经》云太子白父王曰:放逐深山,正合本愿,"山林之中,是闲静处仙圣所乐、能离贪欲、嗔恚、愚痴,臣若至彼,必能自利"。

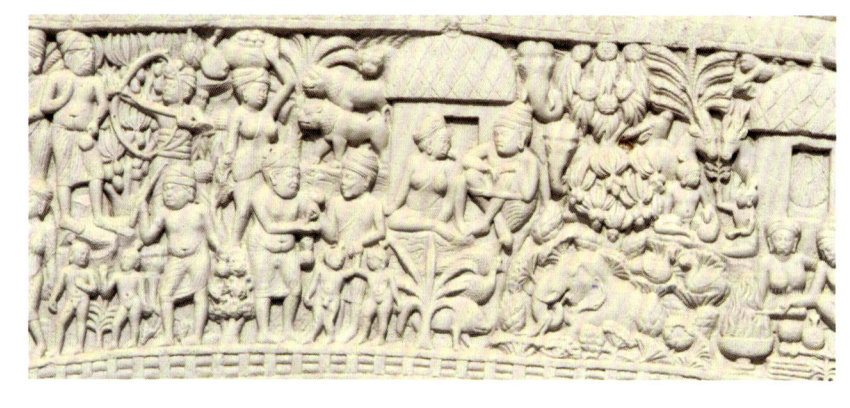

3·26:3 须大拏本生 北门背面第三横梁

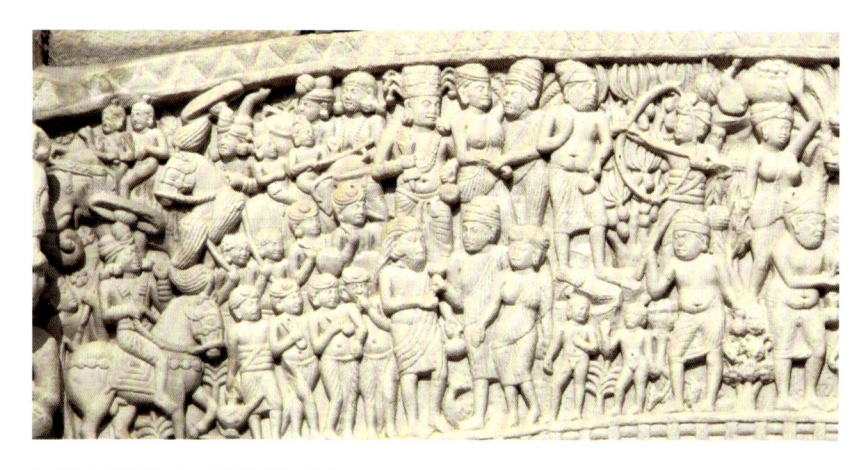

3·26:4 须大拏本生 北门背面第三横梁

"倾水示信",以宣示布施的完成。以一株小树为界,转头向着另一边的阿周陀手挥棍棒,正在驱赶悲悲切切不愿前行的耶利和罽拏延。

阿周陀的上方,又是时空交错的三个情节。

其一是回溯。先是,阿周陀往叶波国寻访太子,随后寻至山中。"道逢猎士,曰:'子经历诸山,宁睹太子不?'猎士素知太子逬逐所由,勃然骂曰:'吾斩尔首,问太子为乎?'梵志愕然而惧曰:吾必为子所杀矣,当权而诡之耳。曰:'王逮群臣,令呼太子还国为王。'答曰:'大善。'喜示其处。"画面中,阿周陀面对张弓欲发的猎士,即此情景。

其一,是与太子布施儿女同时发生的另一幕:曼坻头顶着采来的果物,"惶惶如狂",奔往庐舍探知儿女究竟。然而返家途中,却被天神先化作狮、再化作狼、复化作虎,拦住归路,以完太子之善行。纵向排列的三只狮子,表示天神拦路如是情景而三复。

又一,是曼坻向着太子询问儿女下落。上方图像,草屋前面坐着相互对视的夫妻。太子两腿相交双手扶膝,膝盖下方一条绕身的禅带。是儿女俱已布施的太子,犹在习禅。《菩萨本缘经》此节有小儿对太子之语:"假使为法而见舍者,丧失慈恻,岂是法耶?"

布施儿女一节,最见人间至情,几部经文一例不惜篇幅,在此渲染人神共哀的悲怆,以见太子的修行正法义无反顾,即如《须大拏经》:

"太子呼焉,兄弟惧矣。又相谓曰:'吾父呼求,必以惠鬼也,违命无应。'太子隐其在垉,发柴睹之。儿出抱父,战栗涕泣,呼号且言:'彼是鬼也,非梵志矣。吾数睹梵志,颜类未有若兹,无以吾等为鬼作食。吾母采果,来归何迟。今日定死,为鬼所噉。母归索吾,当如牛母索其犊子,狂走哀恸,父必悔矣。'太子曰:'自生布施,未尝微悔。吾以许焉,尔无违矣。'梵志曰:'子以普慈相惠,儿母归者,即败子洪润,违吾本愿,不如早去。'太子曰:'卿愿求儿,故自远来,终不敢违,便可速迈。'太子右手沃澡,左手持儿,授彼梵志。梵志曰:'吾老气微,儿舍遁迈,之其母所,吾缘获之乎?太子弘惠,缚以相付。'太子持儿,令梵志缚,自手执绳端。两儿蹴身,宛转父前,哀号呼母曰:'天神地祇,山树诸神,一哀告吾母意云:两儿以惠人,宜急舍彼果,可一相见。'

"哀感二仪,山神怆然,为作大响,有若雷震。母时采果,心为怅怅。仰看苍天,不睹云雨。右目瞤左腋痒,两乳湩流出相属。母惟之曰:斯怪甚大,吾用果为?急归视儿,将有他乎。委果旋归,惶惶如狂。

"帝释念曰:菩萨志隆,欲成其弘誓之重任,妻到坏其高志也。化为师子,当道而蹲。妇曰:'卿是兽中之王,吾亦人中王子,俱止斯山。吾有两儿,皆尚微细,朝来未食,须望我耳。'师子避之,妇得进路。回复于前,化作白狼。妇辞如前,狼又避焉。又化为虎,适梵志远,乃遂退矣。妇还，睹太子独坐，惨然怖曰：'吾儿如之？而今独坐。儿常望睹吾以果归，奔走趣吾，蹋地复起，跳踉喜笑，曰母归矣，饥儿饱矣。今不睹之，将以惠人乎？吾坐儿立，各在左右，睹身有尘，竞共拂拭。今儿不来，又不睹处，卿以惠谁，可早相语。祷祀乾坤，情实难云，乃致良嗣。今儿戏具泥象、泥牛、泥马、泥猪，杂巧诸物，纵横于地。睹之心感，吾且发狂。将为虎狼鬼魅盗贼吞乎？疾释斯结，吾必死矣。'"

如此大段叙事，几乎全以对话出之，依了人物的不同，各肖其口吻。依然是以四言句式为主，音节虽促，却情致宛转。曼坻对着太子的一番问话，并无一句狠言，不过琐琐碎碎追叙家常的温爱，而悲苦哀切之情，足教人动容。也因此表现须大拏本生的图像每单取布施儿女一节绘出，以求悲摧动人之效。《洛阳伽蓝记》录《宋云行记》曰：佛沙伏城城北一里有白象宫，"寺内图太子夫妻以男女乞婆罗门像，胡人见之，莫不悲泣"。白象寺里的壁画今不得见，不过在它的传播路线上，尚有存世的画迹可略得其实，如新疆克孜尔石窟第三十八窟主室券顶左侧、第八窟主室券顶右侧、第一九八窟左甬道券顶内侧，壁画中的须大拏本生均为布施儿女一节[1]。由此情节选择，可知经文的入人之深也。

紧接着的一幅画面，是帝释天化作婆罗门，向太子行最后的考验：布施妻子。太子依然所求必应，因"以右手持水澡梵志手，左手提妻适欲授之"。表现"倾水示信"的同时，浮雕用了一个微微后倾的姿势显露了伊人一点微弱的反抗。

整个叙事长卷，"倾水示信"图像的出现凡四：布施白象，一也；布施车马，二也；布施儿女，三也；至此布施妻子，为四。

此际天神也被感动了。"诸天称寿，莫不叹善"；"天地卒然大动，人鬼靡不惊焉。梵志曰：'止，吾不取也。'"布施妻子的画面上方，便换了

---

[1] 周龙勤等《中国新疆壁画艺术》第一卷，图一〇九，新疆美术摄影出版社，二〇〇九年；同书第三卷，图六、图二〇二。

3·26:5 须大拏本生·祖孙相见 北门背面第三横梁左端

另一幅场景:太子挽妻,帝释天手持金刚杵、甘露瓶,笑看夫妻团圆。

帝释天背后,画面切换到另一幕,上下两方也并作一景。上方的须大拏和曼坻,都已经换上了昔日的贵族服饰。一双儿女被婆罗门一路驱赶受尽折磨,最后卖入皇宫,当下祖孙相认。于是双双骑象,引领使者入山迎回父母。上方画面骑象的耶利和罽拏延两番出现而方向相反,右行,入山也;左行,回城也。这也是桑奇大塔浮雕在横长的空间布局中惯常使用的叙事手法。而下方的右行者,则是乐队和侍从。走在最末的一位侍从手提净瓶,似与北门正面故事开端处手提净瓶的女侍遥相呼应,暗寓太子的布施已经完满结束。伞盖下的骑者当是叶波国国王——《太子须大拏经》有"父王乘象出迎太子"的情节〔3·26:4〕。

再次越过纵向的方柱,叶波国城池又一度出现。城墙下,一片莲塘果木,莲塘之畔有一凭栏者。城内楼观层阁中,左边是国王和一对儿孙,右边是太子夫妇,城堞内,手持净瓶的婆罗门站在中间,以表示"王复以国藏珍宝都付太子,劝令布施"〔3·26:5〕。

与巴尔胡特大塔不同——后者的浮雕图案,多是布置在栏楯间徽章一般的圆形空间里,构图自然很受局限。桑奇塔门浮雕的纵向方柱仍多方形构图,但横梁的长卷式格局却可以铺展大的场面,容纳情节复杂的故事，在叙事上便比巴尔胡特更为流畅自然。而用图像传达经义，便不能不以视觉语汇为中心，要须每一个场景都具有容易识别的细节特征，方可以使它准确传达表现内容，错综排列的布局因此仍能构成明白清晰的叙事。

桑奇北门第三横梁正背两面的整个"长卷"中，共表现了须大拏一生中的十二个情节，即布施白象、拜别父母、布施车马、化现村舍、涉水渡河、山中修行、问路猎人、布施儿女、曼坻寻子、布施妻子、返回王宫、劝令布施。工匠在此尽力用凝练的语言讲故事，因把连续的场景布置在一个画面，或把不同时间发生的事情交叠在一起。又常以改变人物或车马朝向的方式完成画面的情节转换。紧凑匀整的布局，繁密的构图因素，虽不免使得画面拥挤，但却不教人感到滞碍，因为图像总是随着情节的开展而流动，并且迂回曲折、回旋往复的叙事节奏，每每依靠若干人们所熟知的细节特征——比如表明身分转换的服饰和器用，比如标志完成布施行为的"倾水示信"——而有一个跳跃式的递进。很多表现方法在巴尔胡特即已出现，在桑奇则运用得更为成熟。

须大拏的布施，可以算作过度布施，是违反常理，也违反常情的，虽然有一个大团圆的结尾，但须大拏的布施儿女、布施妻子，并不曾有过不忍和犹豫，大团圆的光明似乎只是为了抚慰局外观场的众人。布施虽然是印度的传统，并不始于佛教之兴起，不过这样的过度布施却是佛经中才出现。然而它却能够被信众、特别是中土信众所接受，并且流传了不算太短的时间，主要原因之一，即在于它是与佛传故事并行，在此是作为世尊"受诸佛重任，誓济群生，虽婴极苦"，"终不恐惧而违弘誓"的非同寻常的无尽布施、累世苦修而宣示于信众，因此它只是为了加深人们对佛陀的崇仰之情，而非号召善男信女躬身实践。前引《法显传》记师子国事，所谓"王庄校大象，使一辩说人著王衣服，骑象上击鼓唱言：菩萨从三阿僧祇劫，苦行不惜身命，以国城、妻子及挑眼与人、割肉贸鸽、截头布施、投身饿虎不悋髓脑，如是种种苦行为众生故成佛"，也正是这样的性质和意义。五代吴越国王钱弘俶大造阿育王塔，塔身四面浮雕挑眼、割肉、截头、饲虎本生，四角蕉叶浮雕诞生、成道、说法、涅槃等佛传，可见图式布局的古老渊源和一脉相承。江苏南京长干寺塔地宫出土一座北宋大中祥符四年（1011年）七宝阿育王塔，塔身四面的本生故事分别有榜题，即"萨埵太子饲虎变相"、"大光明王施首变相"、"尸毗王救鸽命变相"、"须大拏王变相"。其"须大拏王变相"之幅，画面为一身菩萨妆的须大拏站在一对狮子中间，周围是捧盘供养和拊掌奏乐的九位天神[1]〔3·27〕。如此省略了一切情节的图像，如果不借助于榜题，几乎不可索解，然而反过来说，它也正是借助榜题揭示故事内容，而以天神赞叹的表现方式径直发明主旨，便是菩萨之"受诸佛重任，誓济群生，虽婴极苦，今为无盖尊矣"。

犍陀罗艺术中的须大拏本生，今所见几乎都是独幅的形式。它当日多是奉献塔塔基部分的浮雕，散落之后，原初的组合今已很难确知。在西域佛教艺术，则是独幅与长卷式并存，而与同处的佛传故事似乎不存在呼应关系。

在犍陀罗艺术和新疆壁画中，可以看到"倾水示信"的细节已经成为图式，只是澡瓶或曰净瓶的样式略有不同。如白沙瓦博物馆藏一件《须大拏本生·布施白象》，乃是太子从象舆上面下来，面对索求白象的梵志，"左持象勒，右持金瓮"[2]，则布施之意在焉。新疆若羌县米兰佛寺遗址围廊壁画须大拏太子本生所绘布施情景[3]，也是同样的图式。前举克孜尔石窟第三十八窟主室券顶左侧须大拏太子本生之布施儿女，绘作胡跪于地的太子左手捉住一双儿女的小手，右手握持净瓶之颈，沃澡婆

1　七宝阿育王塔今藏南京市博物馆，照片为参观所摄。
2　栗田功『ガンダーラ美术·Ⅱ·佛陀の世界』，图八四四，二玄社，一九九〇年。
3　斯坦因《西域考古图记》第一卷，图一三七，广西师范大学出版社，一九九八年。

3·27 须大拏本生 长干寺塔地宫出土七宝阿育王塔局部

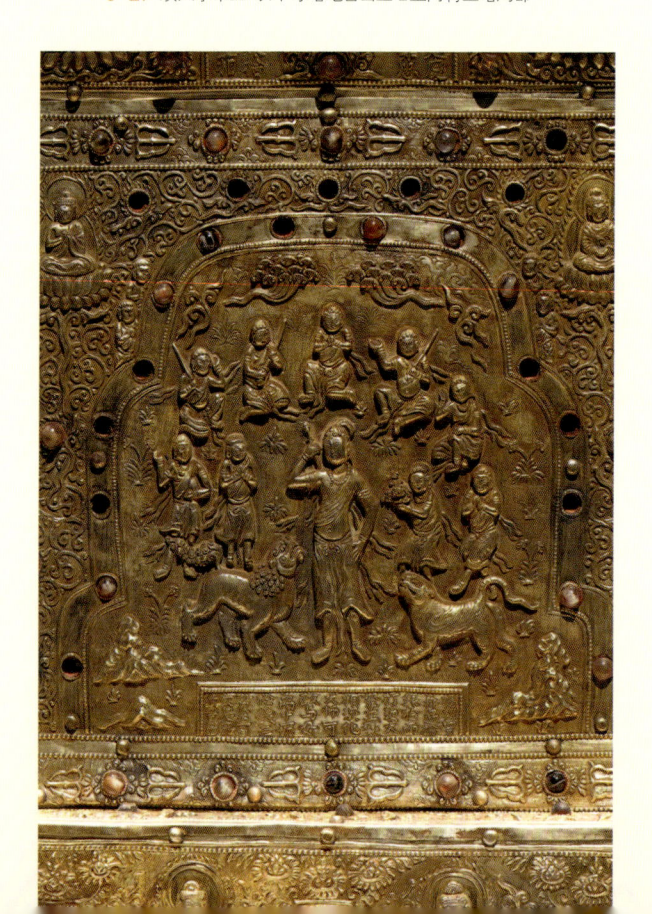

3·28 须大拏太子本生 克孜尔第三十八窟主室券顶左侧壁画

3·29:1 须大拏本生 和平二年释迦造像碑
3·29:2 须大拏本生·婆罗门乞象 和平二年释迦造像碑

罗门之手[1][3·28]。以独幅画的形式讲故事，主要表现手法之一便是从故事中选取一个典型情节，以细节所具有的标志性来使得读画者易于识别，此幅正是如此。

须大拏本生在中原地区的流行，以北朝为盛。北朝所存图像，龙门

---

[1] 然而此在不少图录的图版说明中均被解读为"图中坐于门前为须大拏，正用绳捆两小儿，右侧为婆罗门，双手作接绳状"。如段文杰《中国新疆壁画全集·1·克孜尔》，图九九，天津人民美术出版社，一九九五年；新疆维吾尔自治区文物管理委员会等《中国石窟·克孜尔石窟》第三卷，图一八四，文物出版社，一九九七年；新疆龟兹石窟研究所《中国新疆壁画·龟兹》，图一八，新疆美术摄影出版社，二〇〇八年；又前举《中国新疆壁画艺术》第一卷，图一〇九。

第二章 本生故事　187

宾阳洞前壁雕刻之外，多为造像碑[1]，而往往是在碑阴，同佛传故事安排在一起。如北魏和平二年（461年）释迦坐像[2][3·29]，北魏孝昌三年（527年）蒋伯仙造像[3][3·30]，东魏武定元年（543年）道俗九十人造像碑[4][3·31]，等等。虽然都不是如桑奇一般的"连台本戏"，而是从故事中撷取片段，但长卷式构图和迂回往复的布局，却同桑奇大塔浮雕很是相似。

造像碑所依据的文本应为《太子须大拏经》。——此经文辞平易，言语应对、叙事口吻以及细节添置，"华化"的成分最著，或是原因之一。情节则多取布施白象、拜别父母、布施车马、到化城、涉水渡河、布施儿女。故事中的人物，婆罗门之外，俱是中国衣冠，房舍、山水也都已中土化，乃至人物塑造也因加入自己的理解而改变形象，比如婆罗门乞象、然后"累骑白象欢喜而去"的场景。图像中，婆罗门多被脸谱化，这当然不是佛经的本意。此外，作为完成布施行为之标识的"倾水示信"，其习俗为中土所无，图式的内涵因此不是普遍为人所知。东传之后，这一细节便不再是表现的重点，且以逐渐淡化的趋势渐渐隐没。不过北朝时期尚多存其式。如美国宾夕法尼亚大学博物馆藏北魏造像碑台座[5]，又北齐天保二年（551年）造像碑碑侧浮雕中的须大拏本生[6]，前者为流放途中的太子舍车，后者为最初的布施白象，太子手持净瓶向婆罗门澡手示信的情景，都表现得很清楚。

道俗九十人造像碑是内容比较多的一方，碑阴的须大拏本生与佛传

---

1 关于此经在中土的翻译、流传以及中原地区相关的北朝造像，谢振发《北朝中原地区〈须大拏本生图〉初探》一文有详细讨论。
2 西安市西关王家巷出土。榜题曰"谒太子宫门乞象时""婆罗门八人乞得白象乘去时"。赵力光《长安佛韵——西安碑林佛教造像艺术》，页45，陕西师范大学出版社，二〇一〇年。
3 出自河南延津，原石旧藏巴黎。前引颜娟英《北朝佛教石刻拓片百品》，图二六。
4 《中国画像石全集·石刻线画》，图一〇一，河南美术出版社等，二〇〇〇年。
5 宾夕法尼亚大学博物馆藏，金申《海外及港台藏历代佛像珍品纪年图鉴》，页47，山西人民出版社，二〇〇七年。
6 宾夕法尼亚大学博物馆藏，前引金申《海外及港台藏历代佛像珍品纪年图鉴》，页47，页98。后一例图版说明称作"波罗门施舍"。

3·30 须大拏本生 北魏孝昌三年蒋伯仙造像

3·31:1 须大拏本生 道俗九十人造像碑

3·31:2 须大拏本生局部

故事安排在一起，共演述了六个情节，图像分别有榜题，即"五百夫人皆送太子向檀特山辞去时""随太子乞马时""婆罗门乞得马时""太子值大水得渡时""三年少议婆罗门妇时""婆罗门妇即生恨心，要婆罗门乞好奴婢逃去时"。画面起始在下，自右向左展开，至左端而向上，与上方的佛传故事连作一个横幅。占据的空间很小，布局因此十分紧凑。

第二章 本生故事 189

这时候的榜题便像是以省减画面的方式推进故事发展的画外音，比如五百夫人相送、婆罗门乞马、婆罗门得马三个连续的画面。太子一家与车马安排在中间部分，曼坻回首，与六位拱立者目光相对，则即"五百夫人相送"也。身边的太子面向前方，与马车前边婆罗门的目光连成一线，于是过渡到婆罗门"随太子乞马时"。紧接着是婆罗门背转身来骑马而去，则即"婆罗门乞得马时"也。三番时空转换，太子一家与车马却不过出现一次，即以承前启后的方式完成了三个情节的叙述，其设计意匠与圆形图案中三鱼或三兔共享一头乃同一旨趣。不过因为是讲故事，这里便更需要设计者与接受者的相与会心。与桑奇大塔浮雕的表现方法相似，北魏造像碑同样是在紧凑的布局中，以细节的刻画来显示场景变换。近景中的马车以其妆点华丽而表明太子身分，比如伞盖的上端有博山，盖缘有翠羽。马车下边的山石嶙峋则与远方林木茂盛峻岭连绵相呼应，太子脚下尚有一座比例极小的建筑以象征王城，是别词方盈耳，而转瞬离城已远，入山已深也。

敦煌莫高窟早期壁画，本生与佛传的呼应关系十分明显，如北凉第二七五窟的南壁佛龛下为佛传，北壁为本生。须大拏本生，则见于莫高窟北周和隋代的洞窟[1]，如北周第四二八窟，隋代第四二三窟、第四一九窟，它在壁画中已是单独的长卷，均据《太子须大拏经》绘出〔3·32~34〕。隋代佛传和本生题材在敦煌壁画中数量都大为减少，作为佛陀的前世苦修事迹，本生故事此际应是与同窟的大型经变画暗中呼应。北朝造像碑中的构图和造型，颇为敦煌壁画所用，尤其是布施白象的场景。莫高窟第四一九窟"婆罗门美妻遭戏"，与道俗九十人造像碑的同题之幅也十分相近〔3·34:3〕。因此它是须大拏本生中土化的继续。

---

1 李永宁《敦煌石窟全集·3·本生因缘故事画卷》，商务印书馆（香港）有限公司，二〇〇〇年；施萍婷等《敦煌石窟艺术·莫高窟第四二八窟（北周）》，江苏美术出版社，一九九八年。

3·32:1 须大拏本生·婆罗门乞象
莫高窟第四二八窟（北周）

3·32:2 须大拏本生·婆罗门乞车

3·32:3 须大拏本生·到化城 莫高窟第四二八窟

3·32:4 须大拏本生·施舍儿女

3·33:1 须大拏本生·到化城 莫高窟第四二三窟（隋） 　　3·33:2 须大拏本生·婆罗门美妻遭戏

3·34:1 须大拏本生·婆罗门乞车 莫高窟第四一九窟（隋）

3·34:2 须大拏本生·山中修道

3·34:3 须大拏本生·婆罗门美妻遭戏 莫高窟第四一九窟

3·34:4 须大拏本生·婆罗门乞子

3·34:5 须大拏本生·驱赶二子

"倾水示信"的图式传递，当是来自中原地区的造像碑，不过在莫高窟北周第四二八窟东壁《太子须大拏经·布施白象》之幅大约已是尾声，壁画绘出太子右手持瓶，但面前求施白象的婆罗门却被丑化为张牙舞爪的恶人一般[1]。因此虽然净瓶尚存，但布施者向受施者的倾水示信似已不复存在。隋代壁画中的须大拏本生故事，画面里并连净瓶也不再出现[2]。

1　《敦煌石窟全集·3·本生因缘故事画卷》，图一二二。
2　同1，图一三八。

第三章 其他

第一节

阿育王的事迹·群象供养佛塔

桑奇大塔的窣堵婆部分,始建于阿育王时期。阿育王是无忧王的意译,旧译阿恕伽,新译阿输迦,其自称"天爱王"或"天爱喜见王",是孔雀王朝的第三代雄主。王朝的开国之君为旃陀罗笈多,阿育王即其孙也,是一位很有传奇色彩的人物,孔雀王朝便在他的治下臻于极盛。王的一生行迹,简言之,征伐与杀戮,是他的前半生;皈依并弘扬佛教,是他的后半生。释典中有僧伽婆罗译《阿育王经》等载录其相关事迹与传说[1]。当然最可靠的纪事,是他自己在各地所树阿育王柱及山岩、洞壁上的铭刻敕令。在石刻诏书第八号(吉尔纳尔文本)中有这样一段话:"天爱喜见王在他灌顶十年之后,拜访了三菩提。从此以后,为了宣教正法,他便开始不断巡游。在这些有目的的巡游中,他做了如下的事情:拜访婆罗门和沙门并向他们施赠;会见老年人并为他们提供钱财;接触农村的居民,向他们宣教正法并同他们讨论正法的种种原则。"[2]

孔雀王朝的统治中心为摩揭陀国,这也是佛教发祥的地方,留下了最多的遗迹。与阿育王有关的遗迹之一,为世尊成道之处的菩提树。《大唐西域记》卷八《摩揭陁国上》"菩提树及其事迹"一则说道:"金刚座上菩提树者,即毕钵罗之树也。昔佛在世,高数百尺,屡经残伐,犹高四五丈。佛坐其下成等正觉,因而谓之菩提树焉。茎干黄白,枝叶青翠,

---

[1] 《阿育王经》,见《大正藏》第五十卷。此经内容与安法钦译《阿育王传》属同本异译。
[2] 《古印度帝国时代史料选辑》(崔连仲等选译),页64,商务印书馆,一九八九年。

冬夏不凋，光鲜无变。每至如来涅槃之日，叶皆凋落，顷之复故。是日也，诸国君王，异方法俗，数千万众，不召而集，香水香乳，以溉以洗，于是奏音乐，列香花，灯炬继日，竞修供养。如来寂灭之后，无忧王之初嗣位也，信受邪道，毁佛遗迹，兴发兵徒，躬临剪伐。根茎枝叶，分寸斩截，次西数十步而积聚焉，令事火婆罗门烧以祠天，烟焰未静，忽生两树，猛火之中，茂叶含翠，因而谓之灰菩提树。无忧王睹异悔过，以香乳溉余根，洎乎将旦，树生如本。王见灵怪，重深欣庆，躬修供养，乐以忘归。王妃素信外道，密遣使人，夜分之后，重伐其树。无忧王旦将礼敬，唯见蘖株，深增悲慨，至诚祈请，香乳溉灌，不日还生。王深敬异，垒石周垣，其高十余尺，今犹见在。"

大塔东门正面第三横梁浮雕，为"阿育王朝拜菩提道场"，便是"香乳溉灌"菩提树的故事〔4·1〕。长卷式构图，中间一座塔庙龛，里面金刚座上是象征佛法僧的三宝标。两边柱间有头顶佛钵的力士。茁壮茂盛的一株菩提树从三个尖拱窗中伸出枝干，树尖上一柄两边垂着花蔓的伞盖，树端两侧一对生着肉翅和鸟尾的天人，一手持花蔓，一手擎举堆满果品的盘子。菩提树右，是重复出现的阿育王与王妃，而以人物的朝向不同来表示两个连续的场景。面向右端的一头大象跪伏在地，面有忧戚之容的阿育王正扶着身边侏儒的头顶从坐骑上面下来，身旁相将者是王妃。王妃左面为阿育王的第二次出现，已是掉转头来，合掌礼敬菩提树，前边合掌的王妃也以改变朝向的再次出场完成情景转换〔4·2:1〕。菩提树左，四个手捧水罐者，是这一故事的图像特征——福歇说"显然是去浇灌树的"，对于图像内容的判定，"这个细节使我们深信不疑"[1]〔4·2:2〕。

主要情节之外，浮雕把更多的篇幅用于表现礼佛队伍的壮观。三列中，手持莲花者六，合掌礼敬者四，擎举缯幡者四，缯幡上垂着长长的花蔓，幡竿顶端或为法轮，或为三宝标。音乐供养则有大鼓、小鼓、细

---

[1] 阿·福歇《佛教艺术的早期阶段·山奇大塔东门》（王平先等译），页77。

4·1 大塔东门正面横梁

腰鼓，箫笛、螺贝，又有一人侧身仰首吹长角，乐队的庞大，为桑奇浮雕之最。

以此为对照，可知东门正面左柱第二格浮雕，正是"阿育王朝拜菩提道场"的一个"节本"，当然也可以说是一幅特写〔4·3〕。

4·2:1 阿育王朝拜菩提道场 东门正面第三横梁

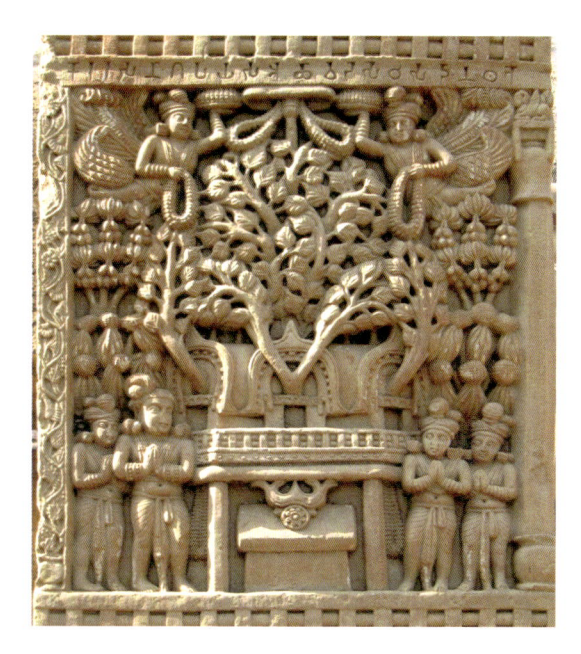

4·3 阿育王朝拜菩提道场 东门正面左柱第二格

阿育王的阐扬佛教，所做另一件大事，便是向各地分赠佛舍利，建塔供养。当年八分舍利之后，佛舍利乃分存于八塔，阿育王打开了其中的七座，取出舍利，集中在罗摩村，更建八万四千塔，将舍利分别安

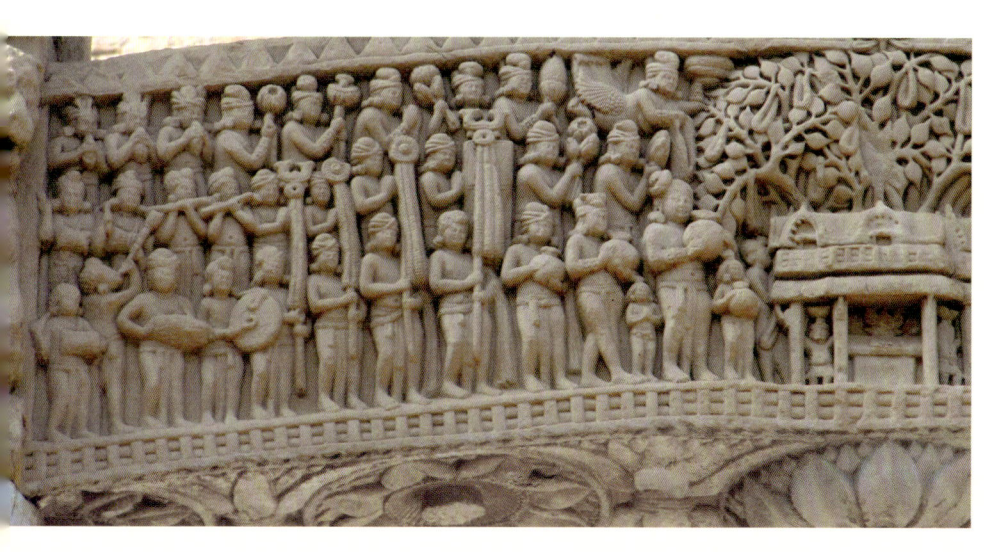

4·2·2 阿育王朝拜菩提道场 东门正面第三横梁

放¹。至于第八个，则又有一个龙王护舍利的传说——安法钦译《阿育王传》卷一云，王"诣王舍城取阿阇世王所埋四升舍利，即于此处造立大塔。第二、第三乃至第七，所埋舍利悉皆取之。于是复到罗摩聚落海龙王所，欲取舍利。龙王即出，请王入宫。王便下船，入于龙宫。龙白王言：唯愿留此舍利，听我供养，慎莫取去。王见龙王恭敬供养倍加人间，遂即留置而不持去"²。"罗摩"，《法显传》作"蓝莫"，故址在今尼泊尔南部的达马里附近³。《传》云，"从佛生处东行五由延，有国名蓝莫。此国王得佛一分舍利，还归起塔，即名蓝莫塔。塔边有池，池中有龙，常守护此塔，昼夜供养。阿育王出世，欲破八塔，作八万四千塔。破七塔已，次欲破此塔。龙便现身，将阿育王入其宫中，观诸供养具已，语王言：汝供养若能胜是，便可坏之持去，吾不与汝诤。阿育王知其供养具非世之所有，于是便还"⁴。后来玄奘也曾一至此地，《大唐西域记》卷六《蓝莫国》"佛舍利窣堵波"记此，叙事更为宛转⁵。桑奇大塔南门正面第二横梁浮雕"阿育王访罗摩聚落"，表现的便是这一故事〔4·4:1~2〕。

横梁中心的一座大塔把画面分作两部分。右半边是马车上的阿育

---

1 《杂阿含经》卷二十三，王"取七佛塔中舍利，至罗摩村中"；"作八万四千金、银、琉璃、颇梨箧盛佛舍利，又作八万四千宝瓶，以盛此箧"（《大正藏》第二卷，页165）。《根本说一切有部毗奈耶事》卷三十九曰："时波吒离邑无忧王，便开七塔，取其舍利，于赡部洲广兴灵塔八万四千，周遍供养。"（《大正藏》第二十四卷，页402）。

2 《大正藏》第五十卷，页102。

3 章巽《法显传校注》，页74，中华书局，二〇〇八年。关于蓝莫国的比定，尚有不同的意见，见季羡林等《大唐西域记校注》，页526～527，中华书局，一九八五年。

4 《大正藏》第五十一卷，页86。

5 《大唐西域记》卷六《蓝莫国》："故城东南有砖窣堵波，高减百尺。昔者如来入寂灭已，此国先王分得舍利，持归本国，式遵崇建，灵异间起，神光时烛。窣堵波侧有一清池，龙每出游，变形蛇服，右旋宛转，绕窣堵波。野象群行，采花以散，冥力警察，初无间替。昔无忧王之分建窣堵波也，七国所建，咸已开发。至于此国，方欲兴功，而此池龙恐见陵夺，乃变作婆罗门，前叩象曰：'大王情流佛法，广树福田，敢请纡驾，降临我宅。'王曰：'尔家安在，为近远乎？'婆罗门曰：'我，此池之龙王也。承大王欲建胜福，敢来请谒。'王受其请，遂入龙宫。坐久之，龙进曰：'我惟恶业，受此龙身，供养舍利，冀消罪咎，愿王躬往，观新礼敬。'无忧王见已，惧然谓曰：'凡诸供养之具，非人间所有也。'龙曰：'若然者，愿无废毁。'无忧王自度力非其畴，遂不开发。出池之所，今有封记。"

4·4:1 阿育王访罗摩聚落 南门正面第二横梁

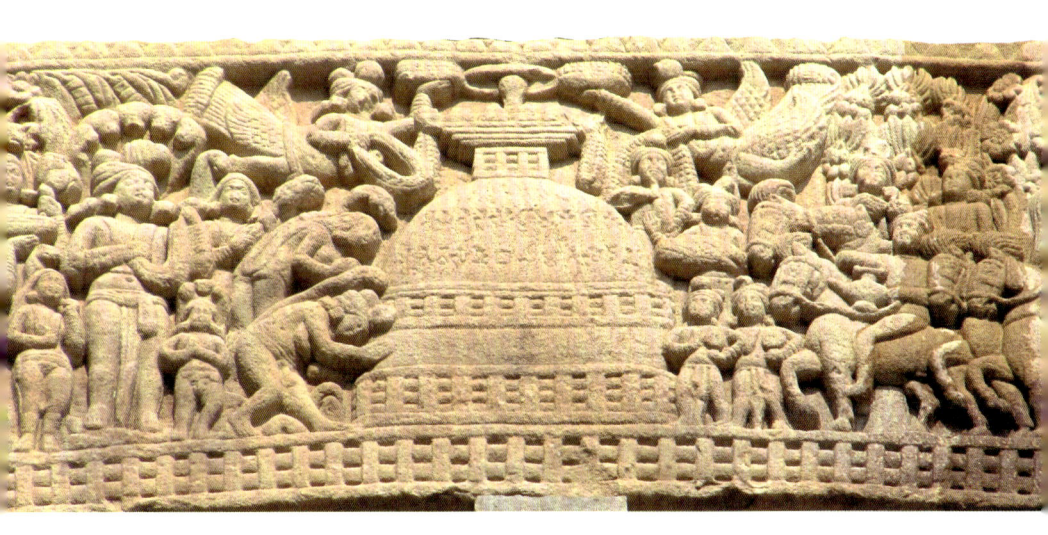

4·4:2 阿育王访罗摩聚落 南门正面第二横梁局部

王,王左手凭轼,右臂抬起,手心向上,很像是正在讲演的样子。身旁一人持拂尘,后面为骑象的众侍从。长幡飘舞,幡竿顶上装着三宝标。背景是成行的果树〔4·4:3〕。大塔的左半边,为头上张着蛇冠的诸位龙王和王妃,乃是这一浮雕的图像特征。左端也以果树布景,树间一对正在亲吻的大鸟。前面是从莲池中露出半身的龙王和王妃,张着多头蛇冠者,应是龙王,一头者,便是王妃。过了浮雕的残断部分,龙王和王妃再次出现,却是站在波浪上面。王妃俯身抵首礼敬佛塔,身后一个著三头蛇冠的小儿,大约是"龙子"〔4·4:4〕。

第三章 其他 201

4·4:3 阿育王访罗摩聚落 南门正面第二横梁右端

4·4:4 阿育王访罗摩聚落 南门正面第二横梁左端

　　前引《法显传》关于蓝莫国纪事，其述龙王护舍利之后，又提到，"此中荒芜，无人洒扫，常有群象以鼻取水洒地，取杂花香而供养塔"[1]。依据福歇的考订，大塔东门背面第三横梁浮雕的内容，便是"群象供养佛塔"〔4·5〕。

1　其下尚有故事："诸国有道人来欲礼拜塔，遇象大怖，依树自翳，见象如法供养。道人大自悲感，此中无有僧伽蓝可供养此塔，乃令象洒扫。道人即舍大戒，还作沙弥，自挽草木，平治处所，使得净洁。劝化国王作僧住处，己为寺主。今现有僧住。此事在近。自尔相承至今，恒以沙弥为寺主。"

4·5:1 群象供养佛塔
东门背面第三横梁

4·5:2 群象供养佛塔(右)
东门背面第三横梁

4·5:3 群象供养佛塔(左)
东门背面第三横梁

4·6 孔雀盛世 灵岩寺辟支塔塔基浮雕

4·7 锻造兵器 灵岩寺辟支塔塔基浮雕 　　4·8 分赐舍利 灵岩寺辟支塔塔基浮雕

  关于阿育王事迹的图像，中土早期多为"阿育王施土"，如云冈昙曜五窟之一的第十八窟南壁浮雕。敦煌壁画中比较多的是阿育王造塔，不过时代都在唐及唐以后。济南长清灵岩寺有一座北宋建造的辟支塔（淳化五年动工，嘉祐二年竣工），塔基为石筑八角，八个立面的四十幅浮雕，乃是一个完整的"阿育王画传"，如"孔雀盛世"〔4·6〕，"锻造兵器"〔4·7〕，"征伐羯陵伽"，"耶舍定月"（制作舍利宝箧），"分赐舍利"[1]〔4·8〕，等等，存三十七幅。当然阿育王事迹于中土影响最著者，为阿育王塔的大规模制作，这是另外的话题了。

---

1 照片为实地考察所摄。

4·9 东门背面

礼敬七佛（过去七佛及其道树）

"七佛"，乃部派佛教所称"过去七佛"。在释迦牟尼佛之前，已有六佛。《长阿含经》卷一《大本经》记世尊在舍卫城祇树花林窟时，为诸比丘说七佛的因缘本末，如七佛的种姓、成道树、又弟子数、居住的王城、寿量，等等[1]。所云七佛名称是：毘婆尸佛（坐波波厘树下成道），尸弃佛（坐分陀利树下成道），毘舍婆佛（坐婆罗树下成道），拘楼孙佛（坐尸利沙树下成道），拘那含佛（坐优昙婆罗树下成道），迦叶佛（坐尼拘律树下成道），释迦牟尼佛（坐钵多树下成道）[2]。福歇认为，大塔东门背面第一横梁浮雕"过去七佛及其道树"，从观者的角度看过去，自右至左，

---

[1] 此经的同本异译尚有《增一阿含经》卷四十五、《七佛经》等。
[2] 《大正藏》第一卷，页2。

第三章 其他

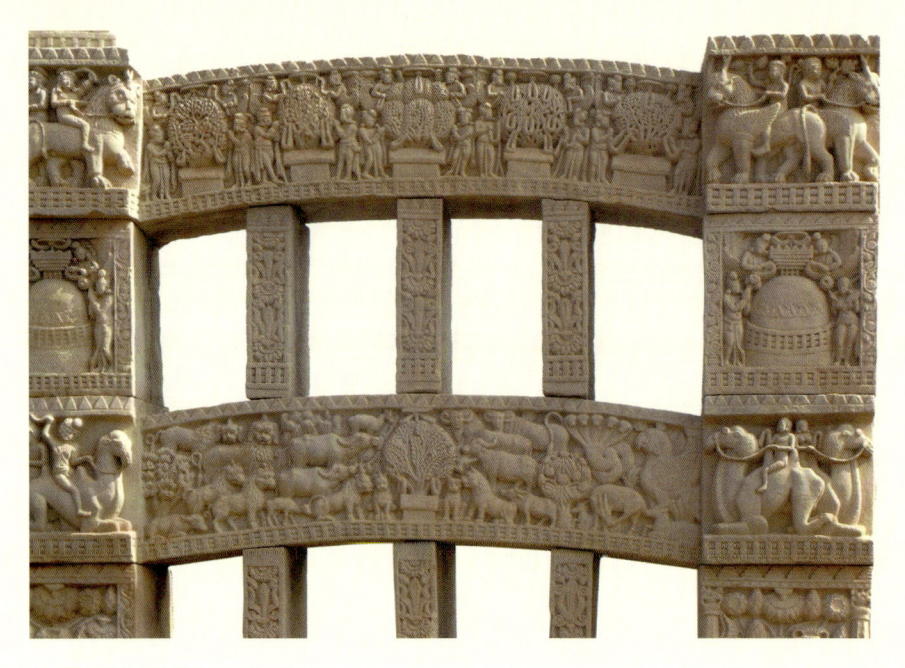

4·10:1 礼敬七佛 东门背面第一横梁

4·10:2 礼敬七佛 东门背面第一横梁右端

4·10:3 礼敬七佛 东门背面第一横梁左端

4·11:1 礼敬七佛
东门正面第一横梁中段

4·11:2 礼敬七佛右段 东门正面第一横梁（右段）

4·11:3 礼敬七佛左段 东门正面第一横梁（左段）

也正是这样的顺序〔4·9~10〕。而同样是在东门，另外一个同题浮雕，则由塔门正面第一横梁与背面第一横梁下方的两个短柱共同构成。前者，作为佛之象征的是道树；后者，则佛塔与道树〔4·1、4·11〕。他猜想，"只是出于审美上的顾虑，艺术家才没有在正面把七个佛塔用一排来表现，而在反面他毫不犹豫地使用了七棵相应的菩提树"[1]。一座塔门上的两个同题浮雕，为避免重复，这样的设计，当然是聪明的。而在七组构图基本相同的图像里，便要依凭人物神态、动作的细微不同来显示变化。桑奇的工匠果然做到了。

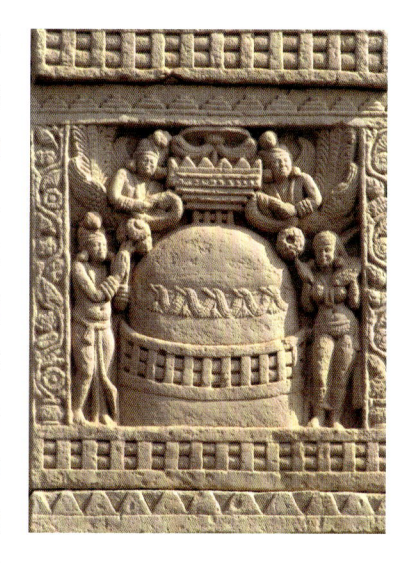

4·11:4 礼敬七佛
东门背面第一横梁下右短柱

---

[1] 阿·福歇《佛教艺术的早期阶段》（王平先等译），页74。

第三章 其他　207

欲界六天

马歇尔说,桑奇浮雕除去与传统寓言同源的本生故事以及古代象征物之外,"还有许多古代宗教成分,经过一段时间的自然吸收过程,最后融汇于佛教。在早期佛教雕刻中比较突出的是所谓'欲界六天'"。此"欲界六天",即布置在大塔东门正面右柱的六个方格。"每一天由一层宫殿表示,宫殿中央坐着天神,右边是他的代理者,左边是天宫乐舞师,三层天宫中的天神等是同一形象的重复,变化甚微"[1][4·12]。

明确浮雕主题之后,倒尽可以把这题目放过一边,因为看起来工匠的兴趣似乎也不在于展现主题的宗教含义,而是热衷于表现世俗情味。虽然马歇尔认为每一层中形象重复,"变化甚微",但仔细观看,舞乐部分其实颇有不同。图像中的天宫乐舞都是六人成阵,即舞者二人,奏乐者四人,下方一对击鼓,中间一对弹箜篌,变化便在上方的一对舞者。二人曼舒双臂,款

---

[1] 约翰·马歇尔《犍陀罗佛教艺术》(王冀青译),页13。福歇对此六格的解读是:(一)"四天神"的宫殿;(二)因陀罗统治的三十三天天神居住的宫殿;(三)阎罗王统治的魔军居住的宫殿;(四)兜率天上众神的宫殿;(五)毁灭自己所创造的万物的众神之居所,以及(六)破坏别人所创造的万物的恶魔住所,其国王是欲望和死亡之神摩罗。(阿·福歇《佛教艺术的早期阶段》,页67)

4·12 大塔东门正面右柱

4·13:1 大塔东门正面右柱第一格及局部

4·13:2 大塔东门正面右柱第二格 孙毅华摄影

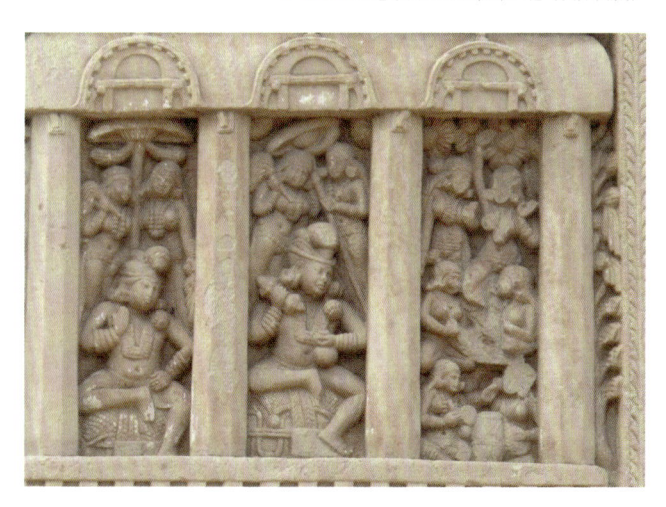

摆柳腰,在妙舞轻回中交替旋转,几幅图像乃是分别定格于各不相同的瞬间〔4·13〕,所谓"柔软依身著佩带,徘徊绕指同环钏";"弦鼓一声双袖举,回雪飘摇转蓬舞。左旋右转不知疲,千匝万周无已时",借来唐诗为之作赞,似也合宜[1]。而这也正是世尊未出家时经常的享乐——

---

[1] 元稹《胡旋女》、白居易《胡旋女》。

第三章 其他　209

4·13:3 大塔东门正面右柱第三格及局部

4·13:4 大塔东门正面右柱第四格

4·13:5 大塔东门正面右柱第五、六格

4·14:1 岩间欢娱 北门正面左柱第四格

《中阿含经》卷二十九《大品柔软经》：世尊对诸比丘说，往昔"在父王悦头檀家时，为我造作种种宫殿：春殿、夏殿及以冬殿""于夏四月升正殿上，无有男子，惟有女妓而自娱乐"[1]。

用"醇酒妇人"的世俗想象为佛国世界设色敷彩，在桑奇大塔也还有别致的画面。北门左柱第四格浮雕，被马歇尔称作"岩间欢娱"——"其构图同样地拥挤无空隙，但显得生气勃勃。作品表现岩丛和瀑布中的快活仙境：前景上，是姑娘们骑在大象背上在莲塘中洗澡，左边是一只孔雀；后景上，两对恋人正在岩丛中调情，其中一个男人手执酒杯，一个女人将脚伸进水中乘凉。无疑，这是佛教徒从当时的世俗艺术中吸收进来的许多凡间景象之一""不论我们对这件浮雕作品的内容作何解释，都无非是些猜测，只有一点可以确信：这一场面的背景是天国，而不是尘世"[2]〔4·14〕。细审其图，前景中一左一右骑在大象上的手持象钩者，是男子〔4·14:2〕。而瀑布右边坐在山石上的一对，男子手持为箜篌〔4·14:4〕，未知是否可认作乾达婆和他的眷属。不过无论如何，"琉璃琴"中送出的"乐语"，凡间抑或佛国，都是随处可闻的。

---

1 《大正藏》第一卷，页607。
2 《犍陀罗佛教艺术》页14～15。

4·14:2 岩间欢娱局部
　　　　北门正面左柱第四格

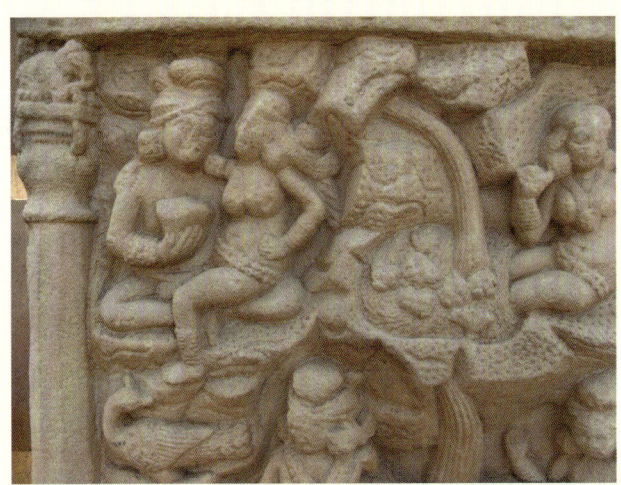

4·14:3 岩间欢娱局部
　　　　北门正面左柱第四格

4·14:4 岩间欢娱局部
　　　　北门正面左柱第四格

第二节

药叉

药叉原是印度神话中一类善良的小神仙,为掌管财宝之神俱毗罗的侍从,住在大神湿婆的神山盖拉莎山[1]。查尔斯·法布里说,"在古印度,像在古希腊一样,民众似乎对职业祭祀的主祭的大神没有太大的兴趣。他们所喜欢的是那些可爱的到处栖息的小小的精灵,各种各样的药叉和药叉女。这些自然精灵栖息在树木、小溪、河流、湖泽和泉水之中,某些精灵被想象成生活在地下或水中的蛇神。但不论是男神或女神,他们都是普通人民最亲密、最喜爱的精灵。当人们要求雕刻家去雕刻他们的时候,雕刻家们便怀着极大的钟爱之情塑造了他们的形象"[2]。帕尔卡姆出土孔雀王朝时代一身尺寸比真人还高大许多的药叉雕像,即是很著名的一例〔4·15〕。虽然风化严重,但健拔勇悍之状不曾稍减,且衣饰细部犹存。当日在马图拉博物馆见到这尊药叉真身,不免且惊且喜,留连徘徊好一会儿,到了下一站的桑奇,心里还留着它清晰的影像,而桑奇大塔药叉的形象,同它是很相近的。

与装饰图案和故事性的浮雕不同,出现在桑奇大塔的药叉,都是高浮雕,均安排在塔门门柱内侧面的下端,在这里的意义,是守护神。

药叉多是站在果实累累的芒果树前,模样各不相同。如东门右柱的一身,头缠巾,耳悬珰,腕戴宝钏,沉重的项饰垂将及腹。右手持莲

---

1 金克木译《云使》注释,页51,人民文学出版社,一九五六年。
2 查尔斯·法布里《印度雕刻的艺术风格》(王镛等译),《东方美术》(范曾主编),页32,南开大学出版社,一九八七年。

4·15 帕尔卡姆出土药叉 马图拉博物馆藏　　　　　4·16 东门右柱内侧药叉

蕾,左手轻揽系在腰间的长带〔4·16〕。北门左柱的药叉则是微微侧首,戴了在头顶结成两个大球的头巾,披帛从身后绕到两个臂膀上柔软下垂,右手拈着芒果枝子,左手似扶不扶地放在腰带上。脸孔漫漶,浅浅地还能认出眉眼〔4·17〕。右柱的一身,以立正的姿势站在一对花蔓中间,右手握一枝莲花,左手呆板的垂在腿侧。背景不是芒果树,而是挂在曲枒上的花蔓〔4·18〕。位于西门右柱者,头巾上的大球缠在额头上方,项饰似乎是用花朵结起来,右手放在腰间,却是用了左手持矛。搭在左臂上的披帛好像同下裳相连,但不知是如何绕过来。身后的树干上挂着一柄希腊罗马式宽刃短剑[1]〔4·19〕。如单纱薄罗一般的下裳紧贴着

1　王援朝《西域宽刃剑与中西文化交流》,页 6～18,《中国国家博物馆刊》二〇一一年第七期。王文由龟兹壁画中出现的宽刃短剑入手,考证其源在希腊、罗马,传播路线则是由犍陀罗而西域。但却未曾举出早于犍陀罗的桑奇浮雕之例(式样相同的宽刃短剑,也见于桑奇二号塔栏楯浮雕,又大塔西门正面右柱第一格"大猴王本生")。

4·17 北门左柱内侧药叉 孙毅华摄影　　4·18 北门右柱内侧药叉　　4·19 西门右柱内侧药叉

肢体，教人想到笈多时代的佛造像，所谓"曹衣出水"，此或可视之为前奏。而药叉双脚贴地的立姿，原有着古老的造型原则的依据——印度古代论文《基德尔拉克沙那》（或作《绘画的特点》）讲到人像的塑造时说道，"脚掌应该是平的，紧紧地贴在地上，它们好像是用查克拉（镯子）装饰起来似的。脚后跟和大脚趾也应该紧紧地贴在地上"[1]。在此，便得到了忠实的体现。

药叉的妆束，一如刹帝利王族，其实也不妨说，佛教艺术中药叉和药叉女的蓝本，分别是天竺艺术家心目中高贵的男人和美丽的女人。比如药叉头顶硕大的缠巾。巴利文佛经云太子出家前夜，帝释告诉毗首羯

---

[1] 载《艺术大师论艺术》（阿·阿·古贝尔等编，刘惠民译），页23，文化艺术出版社，一九八七年。据编者导言，此文的写作时间，即使以世纪来算，也无法确定，很有可能它是在数百年内形成的，于公元一、二世纪之间得到了最后的整理。而无论如何，较之引用过它一些段落的佛教著作，它是更早的文献。此文原本没有保存下来，今所见，是它的藏文译本。

第三章　其他　215

摩天说："今晚中夜时分，悉达多太子要出发实践大出离。此刻是他最后一次严身。你到御花园去，以天饰庄严这位尊贵的人吧。"于是"毘首羯摩化装成一个理发师，从真理发师手里将头巾接过来，开始为未来佛缠头"；"这头巾绕头一匝，用掉了一千万的帛。折叠的地方，犹如一圈宝石。第二匝又用掉了一千万。大家不要这样想：这么小的一颗头，怎能用掉这么多头巾呢？原来最大的一方只有一朵沙摩籐花那么大，其他的则只如苦县拔迦花那么大。因此，那未来佛的头就像是一朵缠绕着莲须的苦牙迦花一般"[1]。至于缠巾的方法，在巴尔胡特大塔栏楯浮雕上面正好可以看到[2]〔4·20〕。虽然"这头巾绕头一匝，用掉了一千万的帛"，是极度的夸张，但由图像所见缠头之巾的长，也足以教人惊讶。

　　耳悬珰，也是贵族之饰。玄应《一切经音义》卷四"珰渠"条曰："《释名》云：穿耳施珠曰珰。《埤苍》：珰，充耳也。渠，耳渠也。西国王等多用金银作之，著耳匡中，用以装饰也。"又卷二十二释"耳轮"曰："彼国王等或用金银作此耳轮，形如钵，支著耳匡中，用以装饰，故名耳轮也。旧经言耳渠者应是也。"慧琳《一切经音义》卷十四"珰轊"条："上音当。……下音渠。耳轊也。《考声》云：轊，车轮也。案耳轊似轮，西国国王及贵胜皆以金银妙宝作耳轊，著穿耳之处犹如宝轮，以杂宝厕其间以为严饰。经文作渠，借用。"释义中特别提到"著耳匡中"或"支著耳匡中"，此"耳匡"，应即耳廓，则耳珰或耳轮的佩戴，非仅耳垂穿眼，是连带把耳廓也撑开好大，或者拉出很大的孔，由印度国家博物馆藏孔雀王朝时代的药叉头像，正可见得清楚[3]〔4·21〕，所谓"耳轮"，此即是也。巴尔胡特大塔栏楯立柱浮雕耳悬宝珰的药叉和药叉女，又桑奇二号塔浮雕人物，佩戴方式都是相同的〔4·22~24〕。这种做

---

[1] 亨利·克拉克·华伦《原始佛典选译》（顾法严中译）第三节《大出离》"巴利文本生经序"，页19，慧炬出版社，一九七〇年。

[2] 今藏加尔各答博物馆，照片为参观所摄。本篇所引巴尔胡特大塔浮雕之例，均同此。

[3] 此为参观所见并摄影。

4·20 巴尔胡特大塔栏楯浮雕及局部

4·21 药叉头像局部 印度国家博物馆藏

4·22:1 药叉 巴尔胡特大塔栏楯浮雕

法在龟兹壁画中也可以见到,如克孜尔石窟第七十七窟壁画中的听法金刚[1][4·25]。

---

1 今藏柏林亚洲艺术博物馆,照片为参观所摄。

4·22:2 药叉 巴尔胡特大塔栏楯浮雕 　　　4·23 药叉 巴尔胡特大塔栏楯浮雕

4·24 桑奇二号塔栏楯浮雕 　　　4·25 听法金刚局部 克孜尔第七十七窟壁画

4·26 摩亨佐·达罗出土的饰物　　　　　　　　4·27 摩亨佐·达罗出土的饰物

药叉女

药叉女是花树的精灵、生殖的女神。最动人的传说，莫如花被伊人的左脚轻轻一触，立时就开放了。那么有伊在的地方，植物便会开花、结果，便会有着生命的繁荣。

女人的美——自身的美，装扮的美，在古印度早就有了一个标准：丰乳、细腰、肥臀，沉甸甸的珠宝项饰，重叠的手钏脚镯，松松系在肚脐下边的联珠腰带，此于印度河文化时期就已经成为造型艺术所追摹的美，出土的装饰品与人物形象的妆束也正是一致的[1]〔4·26~27〕，这样的标准似乎历经一两千年而不变，且不论王妃、女神、药叉、魔女，看去几乎无别，不妨一律以美女视之。如果为工匠设想美女造型的文本，其一，可以是巴利文《神通游戏经》对魔王派来阻碍菩萨成道的三魔女的一番形容，此际魔王也正是要用世间最难抵挡的爱欲之诱惑来作为最后的武器。——"她们那绸缎般光泽的头发涂着浓馥的香料，脸上也巧妙

---

[1] 如摩亨佐·达罗出土的饰物，『世界四大文明·インダス文明展』，页100～105，東京美術，二〇〇〇年。

第三章　其他　219

地化着装，美丽的眼睛大得像盛开的莲瓣，那诱惑的声音继续说：请看她们，主人，她们是可爱的，而且除了相爱外别无其他念头。看啊主人，她们那高突滚圆的丰满乳房，那令人销魂的腰间三条折痕，还有那轮廓优美的肥宽臀部。她们的大腿好像大象的长鼻，她们的臂被钏镯遮掩，几乎不能看见，她们腰中系着带子，发出闪闪金光。看啊，主人，她们像天鹅般温雅，诉说着动人心弦的柔情蜜意。"[1] 其一，印度史诗《摩诃婆罗多》中的一节文字，也是一幅传递着爱欲的美女图，便是《森林篇》中的第一一二章，那一位从没有见过女人、也不懂得什么是女人的鹿角仙人对父亲形容他所见到的妓女，——"今天来了一个遵守梵行的年轻人，头盘发髻，精神饱满，不高也不矮，肤色像金子，眼睛像莲花，看起来像天神的儿子一样光辉灿烂。他容貌俊美，像太阳一样光芒四射，眼珠黑白分明，头发又黑又长，扎着金丝绳，散发幽香。他的脖子上戴着首饰，光辉夺目，像空中的闪电。他的脖子下面有两个圆球，没有毛，十分迷人。他的腹脐一带腰身很细，臀部丰满。在他的衣服里面有一条金腰带，像我的一样，闪闪发光。还有一样看似奇妙的东西，也能发出响声。他一动，身上佩戴的那些东西就发出叫声，像湖里发狂的天鹅一样"[2]。

桑奇大塔浮雕中，正有如此这般的一个精灵，便是大塔东门的药叉女〔4·28〕。就功用来说，它是大塔第三横梁下方与立柱相连的斜撑，原本一对，而残了左边的一个。

芒果树下的药叉女像是被林中淑气的震荡推出来，带着枝条的振颤，头发披垂着，然而有一大把在脑顶总起来像是半开半合的折扇——这却是两千年前女神们的"时世妆"[3]〔4·29〕。虽然五官颇有些毁损，但"双钩"出来的一双秀目却还分明，换一个角度，这双眼睛便微微向下与人对视，不喜不怒一副很安静的样子。右脚踏在树根处，左脚

---

1 雷奈·格鲁塞《东方的文明》（常任侠等译）上册，页224，中华书局，一九九九年。
2 《摩诃婆罗多》（黄宝生等译）第二册，页229，中国社会科学出版社，二〇〇五年。
3 如哈拉帕时期的陶女神像，『世界四大文明·インダス文明展』，页115。

4·28:1 药叉女 东门第三横梁下

4·28:2 药叉女 东门第三横梁下

4·28:3 药叉女 东门第三横梁下

4·29 古印度哈拉帕时期的陶女神像

4·30:1 药叉女 北门第一横梁下

从后面偏过去抵住树干,一手攀住树枝子,一手顺势勾进树弯里。在这里,树和女人用各自的自然之美完成了一个永驻的瞬间。依照传说,在这一个瞬间里,该是满树的花都结出果实了。而药叉女在桑奇本不止此,比如北门正面横梁下方叉腰斜倚波吒厘树、又背面手攀波吒厘树的两身〔4·30:1~2〕,还有今藏大英博物馆的一身[1]〔4·30:3〕,但唯有它找到了最适合这一结构的表现方式,于是功能与艺术合成一种奇妙的谐美,且以香暖柔美的气息带出生命的光泽和质感。

　　桑奇药叉女的造型,当然也是来自传统。孔雀王朝时代狄大甘吉出土的一身药叉女,也是古风时期的一件经典之作,体量远大于真人,以这一时代特有的磨光石料的方法,造就了伊人的肤如凝脂,不论从哪一

---

[1] 此为参观所见并摄影。

4·30:2 药叉女 北门背面第二横梁上左端

4·30:3 桑奇大塔药叉女正面及背面 大英博物馆藏

4·31 狄大甘吉出土药叉女 巴特那博物馆藏

个角度看去，都呈现出丰肌秀骨的明媚[1]〔4·31〕。晚于它的巴尔胡特大塔浮雕，药叉女已是从容穿行于佛国世界的精灵〔4·32~35〕。不过工匠的用心处似在于各种装饰物的细节刻画——刻画之精细，以至以后为桑奇大塔浮雕直接取法，用作塔门门柱装饰图案中的供养物〔4·36〕。虽然桑奇药叉女的妆束、样态、动作，乃至略略抬起的左脚，几项基本元素在这里均已出现，然而论姿态的温软自然却未达一间。佛陀伽耶塔门立柱的一身药叉女，与此风格也很接近[2]〔4·37〕。

桑奇之后，马图拉风格的药叉女，又是别一种风采，如出土于旁遮普地区桑格尔一个大塔地基附近一大批贵霜时代的石柱，石柱原初也应是佛塔栏楯。其雕刻题材以姿态各异的药叉女为主，虽然仍有一些延续着背倚花树的传统〔4·38〕，但更多是以都市建筑为背景，姿容

---

1 今藏巴特那博物馆，照片为参观所摄。
2 中国文物交流中心等《古代印度瑰宝》，图四，北京出版社出版集团，二〇〇七年。

4·32 药叉女
巴尔胡特大塔栏楯浮雕

4·33 药叉女
巴尔胡特大塔栏楯浮雕

4·34 药叉女
巴尔胡特大塔栏楯浮雕

4·35 药叉女及局部 巴尔胡特大塔栏楯浮雕

4·36 北门左柱外侧浮雕

4·37 药叉女 佛陀伽耶　　4·38 药叉女　　4·39 药叉女　　4·40 药叉女　　4·41 药叉女
考古博物馆藏　　　　　 桑格尔出土　　 桑格尔出土　　 桑格尔出土　　 桑格尔出土

窈窕的药叉女或梳妆，或饮酒，或展演技艺，身后的阳台和打开的窗子里露出凭高下望者欣赏的目光[1]〔4·39~41〕。当然这一时代药叉女的经典形象，是马图拉地区出土的一组栏楯立柱[2]〔4·44〕。而同此风姿妖娆却是"乐而不淫"的美女，在笈多时代又成为印度教神庙门旁的恒河女神与耶木纳河女神[3]〔4·42~43〕。似乎可以说，印度早期艺术史中的独占春光者，正是用药叉女排列起来的系列形象。工匠的一双巧手，也始终合着诗人的吟唱——"那儿有一位多娇，正青春年少，皓齿尖尖，/唇似熟频婆，腰支窈窕，眼如惊鹿，脐窝深陷，/由乳重而微微前俯，因臀丰而行路姗姗，/大概是神明创造女人时将她首先挑选"[4]。创造出桑奇大塔东门药叉女的工匠，自然也是这独具选美之眼的"神明"之一。

1　古朴塔《桑格尔出土的贵霜石雕——公元一至二世纪》[*Gushāna Sculptures from Ssnghol*（*1ˢᵗ-2ⁿᵈ Century A.D.*）]，新德里，一九八五年。
2　今藏加尔各答博物馆，照片为参观博物馆所摄（孙毅华摄）。或曰它的出土地点是耆那教窣堵婆遗址，见王镛《印度美术》，页121，中国人民大学出版社，二〇〇四年。
3　今藏印度国家博物馆，照片为参观所摄。
4　此为《云使》"后云"第八二节药叉形容其妻之语（金克木译），页39，人民文学出版社，一九五六年。

4·42 恒河女神及局部 印度国家博物馆藏　　4·43 耶木纳河女神 印度国家博物馆藏

4·44 药叉女 马图拉地区出土
孙毅华摄影

第三节

　　桑奇的兴建，有一个商贸繁荣的背景，作为捐赀人中的一大部分，来自四面八方的商主自会带来不同的审美趣味，因使桑奇雕刻的装饰题材多有异域风格。此在二号塔栏楯浮雕中表现最明显，也最为集中。栏楯浮雕徽章一般刻下以写实和想象交融而成的乐园景象，又将莲花巧妙植入每一幅图案，使得桑奇二塔颇像是一座梵呗声中的动植物王国，即如前面已经举出的各种例子。二号塔浮雕中半人半马的怪兽〔4·45〕，是早就出现在希腊艺术中的形象。二塔和大塔中的人面兽〔4·46〕，则很有亚述之"拉马苏"的影子，由装饰在亚述宫殿和城门的人首公牛像——如卢浮宫藏豪尔萨巴德萨尔贡王宫觐见厅门前的一身——可见它的图式渊源之一[1]〔4·47〕。当然还有更加久远的源头，即泰洛出土新苏美尔时期的黑皂石人首牛身像[2]〔4·48〕。大塔西门右柱外侧浮雕更是多种元素的融和：棕榈叶捧出的莲花心上挺立一骑士，手牵一左一右反身相背的一对格里芬[3]〔4·49〕。人与兽如此组合的造型艺术，很早就流行于伊朗高原，最有代表性的是出土于伊朗西部卢里斯坦的一批青铜器，

---

1 照片为参观所摄，其时代约当公元前七二〇年。"巨大的人头、带翼的公牛雕像称为'拉马苏'——因为诸神相信它可以抵挡各种邪恶的精灵——所以它守卫着每个入口，外国大使、诸侯和请求者必须通过'拉马苏'警卫的大门进入觐见大厅""在尼姆鲁德发现最早的'拉马苏'，那是公元前九世纪的作品，有时它是狮头牛身的形象（收藏在大英博物馆）""赫梯人早就这样把巨大的城门口的狮子和狮身人面像结合在一起了""尽管考古记录至今还无法寻迹确认当时席卷整个近东地区的艺术风格影响，但是亚述人的建筑形式可能就是来自赫梯人"休·昂纳、约翰·弗莱明《世界美术史》（毛君炎等译），页74，国际文化出版公司一九八九年。

2 时代约为公元前二一〇五至前二一〇〇年。卢浮宫藏，照片为参观所摄。

3 线图采自逸见梅荣『古典印度文様』，图四九一，東京美術，一九七六年。

4·45 桑奇二号塔浮雕

4·46:1 桑奇二号塔栏楯浮雕    4·46:2 帝释窟说法 北门左柱内侧第一格

4·47 豪尔萨巴德萨尔贡二世王宫人首公牛雕像 卢浮宫藏

4·48 新苏美尔时期人首牛身像 卢浮宫藏

4·49:2 大塔西门右柱外侧浮雕
采自《古典印度文样》

4·49:1 大塔西门右柱外侧浮雕

时代约当公元前九百年至七百年[1]〔4·50〕。反身相背的一对格里芬，也见于阿契美尼德王朝波斯波利斯宫的柱头[2]〔4·51〕。又大塔东门背面凸梁的骑骆驼者〔4·52〕，从服饰看，当是来自异域，男子佩戴的项饰，与阿富汗席巴尔干大月氏人墓地出土的项链式样几乎完全相同[3]〔4·53〕。

---

1 『"ペルシャ文明展煌めく7000年の至宝"図録』，图七三，朝日新闻社等，二〇〇六年。或认为此是双马神，见林梅村《古道西风——考古新发现所见中西文化交流》，页17～18，生活·读书·新知三联书店，二〇〇〇年。
2 宫殿为大流士一世所建。王瑞珠《世界建筑史·西亚古代卷》下册，页678，中国建筑工业出版社，二〇〇五年。
3 今藏阿富汗国家博物馆，照片为观展所摄。

4·50 铜饰牌 卢里斯坦出土

4·51 波斯波利斯宫的格里芬柱头

4·52 大塔东门背面凸梁

4·53 阿富汗席巴尔干大月氏人墓地出土的项链

如此再来看大塔东门背面第二横梁浮雕，便更觉有趣。此为贯穿横梁两端的一幅"通景画"，即"群兽朝拜菩提树"〔4·54〕。如福歇所说，"雕刻家在这个场面中几乎动员了所有的装饰性动物"[1]。上有伞盖、前有金刚座的菩提树居中，两对狮子分立左右，一对为正面，一对为侧面。此外是姿态各异的水牛和鹿，一对格里芬，一对人面兽，一身五头龙王，又有大耳朵、披鬃毛的两只兽，按照福歇的说法是藏獒。龙王旁边一只鹦鹉，如三个狮子大，像人一样的耳朵上挂着耳环。横梁两端也各有衔着葡萄枝和芒果枝的鹦鹉，丰肥得可爱。戴耳环的鹦鹉教人想到波斯上古时代戴耳环的陶牛[2]〔4·55〕，当然在此多半是巧合。佛经中有"鹦鹉圣王请佛缘"，见孙吴支谦译《撰集百缘经》卷六《诸天来下供养品》[3]，或者是其本事。

若干星罗棋布的装饰纹样，虽然只是分散的点，并且很难佐以相契的文献证据，但这些带有鲜明文化特征的遗存，却使我们不能不稍稍借助于想象，小心翼翼审视这些"点"所映现出来的一条虚线。也许来自朝贡，也许来自商贾，也许只是偶然的旅行播下一粒种子，碰巧落入相宜的土壤，便发芽、开花，结出一颗变异了的果实。应该说，马歇尔对印度早期佛教艺术所强调的三点，是很好的意见，尤以第一、

---

1 阿·福歇《佛教艺术的早期阶段·山奇大塔东门》（王平先等译），页76。
2 时代约为公元前一五〇〇年至八〇〇年。『"ペルシヤ文明展煌めく7000年の至宝"図録』，图一二。
3 故事说，佛在舍卫国祇树给孤独园，夏安居竟，将诸比丘，欲往摩竭提国，"值诸群鸟中有鹦鹉圣王，遥见佛来，飞腾虚空，逆道奉迎：'惟愿世尊及比丘僧，慈哀怜愍，诣我林中，受一宿请。'佛即然可。时鹦鹉王知佛许已，还归本林，勅诸鹦鹉，各来奉迎。尔时世尊，将诸比丘诣鹦鹉林，各敷坐具，在于树下，坐禅思惟。时鹦鹉王见佛比丘寂然宴坐，甚怀喜悦，通夜飞翔，绕佛比丘，四向顾视，无诸师子、虎狼、禽兽及以盗贼触恼世尊、比丘僧不，至明清旦。世尊进引，鹦鹉欢喜，在前引导，向王舍城，白频婆娑罗王言：'世尊今者将诸比丘，逐当在近，惟愿大王设诸肴饍，逆道奉迎。'时频婆娑罗王闻是语已，勅设肴饍，执持幢幡、香花、伎乐，将诸群臣，逆道奉迎。时鹦鹉王于其夜中，即便命终，生忉利天。忽然长大，如八岁儿。便作是念：我造何福，生此天上？寻自观察，知从鹦鹉，由请佛故，一宿止住，得来生此。我今当还报世尊恩。顶戴天冠，著诸璎珞庄严其身，赍持香花，而供养佛。却坐一面，佛即为其说四谛法。心开意解，得须陀洹果，绕佛三匝，还归天上"。《大正藏》第四卷，页231。

4·54:1 群兽朝拜菩提树 大塔东门背面第二横梁中段

4·54:2 群兽朝拜菩提树 大塔东门背面第二横梁右段

4·54:3 群兽朝拜菩提树 大塔东门背面第二横梁左段

4·54:4 群兽朝拜菩提树局部

4·55 戴耳环的陶牛 泰佩马里克出土

第二两点所论透彻。——第一，尽管我们可以从早期印度派艺术作品中看出某些外来的因素，但总的来说这种艺术还是印度式的艺术。早期印度派从西亚、亚述、波斯，特别是从希腊引入了许多题材和概念；由于希腊艺术——或更确切说是印度西北边境地区的希腊化艺术——的深刻影响，使此派克服了技巧上的困难，从而为它的发展铺平了道路。但是，无论从外界引入了什么，印度艺术都能够极为彻底而有组织地同化、吸收它们，而使自己的基本特征不受任何损伤。在我看来，这一特征的基础是印度人——特别是非雅利安人——对和谐与对称那深厚而直率的感情，是他们对动物、植物生活所具有的极大兴趣，是他们对于形式模仿的本能。这些都是古代印度艺术各个阶段上所共有的因素，始终是印度艺术美的基础。第二，虽然早期印度派的艺术是一种宗教艺术，是在佛教组织的庇护下发生、发展起来的，但它很大程度上都是以当时流行的世俗艺术为基础，只是略作些变化，略有些增加，就好像给世俗艺术涂上一层佛教的油彩。以此可以解释在佛教

4·56 苏萨出土大流士宫殿柱头 卢浮宫藏

的纪念塔上竟会出现那些赤裸裸的感官刺激场面，……这显然是与佛教的基本教义相冲突的。在这一类事情上，看来妥协的与其说是佛教艺术家，还不如说是佛教组织本身[1]。

大塔浮雕的画面装饰部分，如马歇尔所说，颇有来自波斯的纹饰，如常常用作边框的有着钟形柱头的棱柱及柱顶的一对有翼兽。比较苏萨出土大流士宫殿的柱头[2][4·56]，其来源便可以看得很清楚，而公元前六世纪的时候，印度西北部印度河流域曾为阿契美尼德王朝所统辖。不过几乎所有外来因素都是安排在浮雕的装饰性部分，则虽有异域风格却丝毫不掩"国色"，本土性是基本语法，外来样式只是各种各样的修辞，是为着润色和丰富。源出于本土的造型艺术，因此始终牢牢控制着它的叙事风格。

---

1 约翰·马歇尔《犍陀罗佛教艺术》（王冀青译），页 15～16。
2 今藏卢浮宫，照片为参观所摄。

莲花

桑奇三塔雕刻出现最多的当然仍属被赋予新意的各种佛教标志物，如法轮、三宝标、浮屠〔4·57~58〕，又擎举法轮的阿育王柱〔2·10〕，还有几乎无处不在的莲花。不过虽云莲花，却与中土所称莲花不同，此之莲花，乃睡莲科睡莲属中的睡莲，花朵大，叶为椭圆形。

莲花作为佛教的象征物之一，在印度有着古老的根源。如《摩诃婆罗多》中的吟诵："脐生莲花、闪烁无量神光的毗湿奴，为让最高灵魂安享瑜伽之眠，各时代伊始都以它为床榻。"译注云，"据印度神话，一劫分为四个时代，前一时代之末、新一时代之始时，毗湿奴为了让最高灵魂（指宇宙精神）得到休息，以瑜伽之法睡在海上，脐中有莲花生出，大梵天端坐在莲花上"[1]。巴尔胡特大塔和桑奇一、二、三号塔浮雕，都有由精灵肚脐生出或口中吐出莲花的图案〔4·59~60〕。至于它的融入佛典，可见龙树《大智度论》中的阐发，"十方风至，相对相触，能持大水，水上有一千头人，二千手足，名为韦纽，是人脐中出千叶金色妙宝莲华，其光大明，如万日俱照。华中有人结跏趺坐，此人复有无量光明，名曰梵天王"。又世尊亦从脐边出诸宝莲华，如偈说——"从四佛脐中，各出妙宝华，华上有宝座，其座各有佛。从是佛脐中，展转出宝华，华华皆有座，座座各有佛"[2]。

释典中最常提到的莲花有四种，即如《大般若波罗蜜多经》所举——"尔时，欲、色界诸天子，各持天上多揭罗香、多摩罗香、栴檀香末，复持天上嗢钵罗花、钵特摩花、拘某陀花、奔荼利花、美妙香花、美妙音花、大美妙音花，遥散佛上，来诣佛所"[3]。慧琳《一切经

---

[1] 《摩诃婆罗多·第一·初篇》（金克木等译），页66，中国社会科学出版社，二〇〇五年。
[2] 《大智度论》卷八、卷九，《大正藏》第二十五卷，页116、124。
[3] 《大般若波罗蜜多经》卷三一八，《大正藏》第六卷，页624。

4·57 三宝标与法轮
桑奇二号塔栏楯立柱浮雕

4·59 巴尔胡特大塔栏楯浮雕

4·60 巴尔胡特大塔栏楯浮雕

4·58 三宝标与圆轮 北门背面第一横梁顶端

4·61 巴尔胡特大塔栏楯浮雕

音义》卷三释此诸花曰：一、嗢钵罗花，"唐云青莲花，其花青色，叶细陿长，香气远闻，人间难有，惟无热恼大龙池中有，或名优钵罗，声传（转）皆一也"；二、钵特摩花，"此人间红莲花之上者，或云赤黄色花"；三、拘某陀花，"古云拘勿头，……此即赤莲花，深朱色，人间亦无，惟彼池有，甚香，亦大也"；四、奔荼利迦花，"古云芬陀利，……唐云白莲花。其花如雪如银，光夺人目，甚香，亦大，多出彼池，人间无有"。总其所云，则即青莲花、赤莲花、红莲花、大白莲花。所谓"青莲花"中，也有赤、白色者，"赤莲花"中，也有黄、青、白诸色。

莲花在桑奇三塔浮雕中的表现形式，大致有四类：其一为正面绽开，此不妨视作睡莲的图案化，也正像《阿弥陀经》所云"池中莲花，大如车轮"[1]，即如巴尔胡特大塔和桑奇二号塔栏楯上面徽章式的浮雕〔4·61~62〕。铺展开来的莲花外缘，又或绕行一周有翼兽，一周鸵鸟，一周三宝标〔4·63~65〕，林良一《东洋美术の装饰文样——植物文篇》中的《莲花》篇对此曾有细致的梳理[2]。至于桑奇大塔，这一类样

---

1 《佛说阿弥陀经》卷一，《大正藏》第十二卷，页347。
2 『東洋美術の裝飾文樣——植物文篇』，页65～102，同朋舍，一九九二年。

4·62 桑奇二号塔浮雕

4·64 巴尔胡特大塔栏楯浮雕

4·63 巴尔胡特大塔栏楯浮雕

4·65 桑奇二号塔浮雕

4·66 大塔东门横梁底部浮雕

式的莲花，便多用于塔门横梁底部及立柱外侧的装饰〔4·66~67〕，也好像是旧有图案的直接取用。其一为花心顶着莲蓬的托座，如诞生图中的莲花台〔4·67、4·75〕。其一为翠舞红酣的水中景象，多用于佛传故事和本生故事中的配景。此外，则为插在满瓶或曰贤瓶中宛转攀援的"折枝"，亦即如意蔓或曰如意树，多用于边框和立柱的纹样装饰〔4·66~67〕。佛经中，贤瓶也常常和如意蔓一起出现，如《大乘理趣六波罗蜜多经》卷三"作如意树及作贤瓶"[1]。虽然是插在瓶中的"折枝"，但瓶子里却有着不竭的水长在浸润。枝干的绿影，果实的甘芳，蔚作蓬勃旺盛的生命气息，催动枝叶花朵绵绵不断伸展于每一个角落，用以承载闻法的欣悦。

图案中，尚有一种表现为侧面形象的半开莲花，常与平展开来的莲花相间，这是古埃及装饰艺术中常见的莲花样式[2]〔4·68~69〕。以后它也成为波斯建筑中的装饰纹样[3]〔4·70〕。不过在桑奇，它已不再具备

---

1 《大正藏》第八卷，页879。
2 海伦·斯特拉德威克《古埃及》（刘雪婷等译），页150，上海科学技术文献出版社，二〇〇八年。图版说明曰：古埃及"新王朝时期（公元前一五五〇至公元前一〇六九年）的太阳神庙，常常把法老描述为原初莲花上端坐着的太阳之子……死亡之书中有一个法则，亡者入莲花，复活莲花开"。
3 王瑞珠《世界建筑史·西亚古代卷》下册，页682，中国建筑工业出版社，二〇〇五年。

4·67 东门右柱外侧浮雕

4·68 作为太阳之子的法老
采自《古埃及》

4·70 苏萨釉砖墙面装饰
采自《世界建筑史·西亚古代卷》

4·69 浮雕敬献莲花 采自《古埃及》

4·71:1 道智造释迦像基座
河北邺城北吴庄村出土

4·71:2 河北邯郸北响堂山石窟第九窟基坛浮雕

独立的异域品格,而是自然融入了新的造型语汇。

肚脐生莲花,源出印度神话,中国人对此却是很陌生的,因此这一纹样在中土未曾流行。然而也有几个很特殊的例子,如河北邺城习文乡北吴庄村出土东魏武定四年(546年)道智造释迦像基座一侧的线刻神王图,如河北邯郸北响堂山石窟时属北齐的第九窟基坛神王浮雕[1][4·71]。如果它的设计意匠是来自天竺,那么当是某种机缘凑巧罢。

---

1 两例均为参观考察所见并摄影。例一今藏邺城博物馆。例二曾著录于《中国石窟雕塑全集》,图版说明曰:"该像蹲坐于圆拱龛内,像头部、右臂及腿部残缺。双手握树枝于胸前,树自下腹部生出,于腹间分两枝,然后叉于神王左右肩上。是为树神王。"丁明夷等《中国石窟雕塑全集·第六卷·北方六省》,图一二二,重庆出版社,二〇〇一年。

如意蔓

作为装饰纹样，桑奇三塔浮雕中最有特色的一类，当推"缠枝卷草"，便是前面提到的"如意蔓""如意树"。佛经也作"天意树"[1]，又或音译为"劫波树""劫波娑树"。龙树《大智度论》卷七十九曰"人种众果树，不如一人种一如意树，能随人所愿，如意皆得"[2]。慧琳《一切经音义》卷二十五："天意树，诸天有树，随天意转，所求皆遂，故得名也。"失译《大乘悲分陀利经》卷四曰"众生随所乐衣，于如意树上取而著之"[3]。隋达摩笈多译《起世经因本经》卷一曰"复有劫波树，亦高六拘卢舍，乃至五、四、三、二、一拘卢舍者，如是最小，高半拘卢舍。悉有种种叶花与果，从彼果边，自然而出种种杂衣，悬在树间。又有种种璎珞之树，其树亦高六拘卢舍，乃至五、四、三、二、一拘卢舍者，如是最小，半拘卢舍，悉有种种叶华与果。彼等诸果，随心而出种种璎珞，悬垂而住"[4]。如愿树在后世的印度诗歌中，也始终是绮美的意象，如《云使》第六六节："他们饮着如愿树所生的美酒行乐果，同时缓缓奏着像你的声音一般的鼓乐。"第七四节："那儿的彩色衣衫和教导人眉目传情的美酒，/ 带着嫩枝的盛开的花朵，形形色色的首饰，/ 适合于涂抹莲花一般的脚心的胭脂，/ 女人的一切妆饰都产生于如愿树枝。"[5]

三塔浮雕纹样中，莲花如意蔓与精灵的组合——如大塔南门第三横梁、三号塔南门第一横梁的"通景画"[4·72~73]，该是把古老的

---

1 南北朝慧影抄《大智度论疏》卷二十四："如意树者，《大本经》名为天意树。"《续藏》第四十六卷，页911。
2 《大正藏》第二十五卷，页619。
3 《大正藏》第三卷，页258。
4 《大正藏》第一卷，页369。
5 金克木译，页34，页55，人民文学出版社，一九五六年。

4·72:1 大塔南门第三横梁

4·72:2 大塔南门第三横梁左段

4·72:3 大塔南门第三横梁中段

4·73:1 三号塔南门正面

4·73:2 三号塔南门正面第一横梁局部

4·74 桑奇二号塔浮雕　　　　　　　　4·75 桑奇二号塔浮雕

　　传说融进了佛教艺术。马歇尔解释道,"在巴尔胡特和山奇,大量地雕刻莲花,正是取此'如意树'之义,雕出的莲花中充满着硕果、宝石和可施法术的宝物——所有这些都象征着佛教给与人类无穷的恩赐。在山奇大窣堵婆南门底楣上便雕刻着这种如意莲花。这里,呈鸠槃荼(四天王所领八部鬼众之一)形式的树精正从嘴中喷吐出莲花枝,似乎这底楣也由他吐出一般"[1]。

　　除了从精灵肚脐里生出或口中吐出,在桑奇二号塔和大塔浮雕中,如意蔓又或出于大象和鱼和摩竭鱼之口 [4·74~76]。大塔东门左柱外侧竖长的画面里,底端一尾摩竭鱼口吐如意蔓,弯弧间莲花莲叶俯仰开阖,一只龟卧在翻卷的莲叶边上,捉对嬉戏的水禽以稚拙之态搅起撩香吹雨般的生气 [4·77]。摩竭鱼,佛经或称摩伽罗鱼。玄应《一切经音义》卷一曰:"摩伽罗鱼,亦云摩羯鱼,正言麼伽罗鱼,此云鲸鱼,谓鱼之王也。"慧琳《一切经音义》卷二十三:"摩竭鱼,此云大体也。谓即此方巨鳌鱼,其两目如日,张口如崞谷,吞舟光出,溃流如潮,若欲水如鏊,高下如山,大者可长二百里也。"出现在佛经中的

---

[1]　约翰·马歇尔《犍陀罗佛教艺术》(王冀青译),页9~10。

4·76:1 大塔北门右柱外侧浮雕

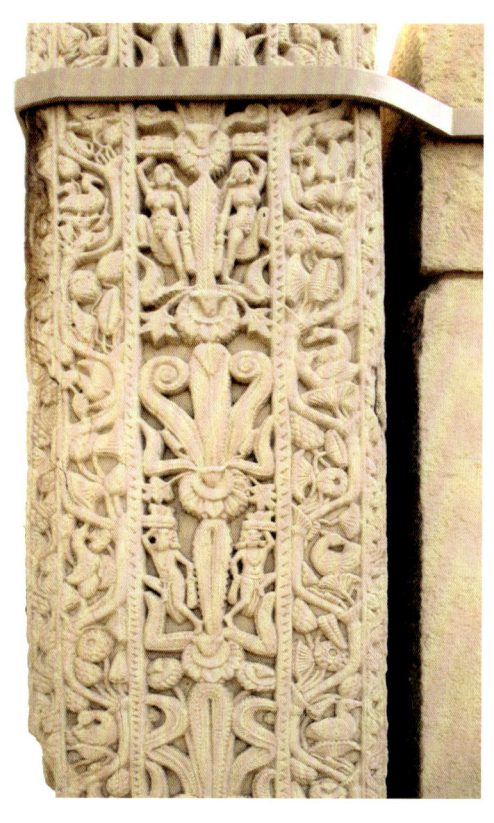

4·76:2 大塔北门右柱外侧浮雕

4·76:3 大塔北门右柱外侧浮雕

4·77 大塔东门左柱外侧浮雕

桑奇三塔

4·78 桑奇二号塔浮雕

4·79 巴尔胡特大塔栏楯浮雕

摩竭鱼，多用于比喻贪欲，如马鸣《大庄严论经》卷二"然此多欲人，常生于欲想；贪利无有极，如摩竭鱼口"，如鸠摩罗什译《杂譬喻经》"昔有五百贾客，乘船入海欲求珍宝，值摩竭鱼出头张口欲食众生"，云云[1]。不过摩竭鱼虽有恶行，却也颇有善业，即如鱼身化为船渡越商主之类，见《大唐西域记》卷八《摩揭陁国·上》。桑奇二号塔浮雕中有摩竭张口吞食小鱼的形象〔4·78〕，但它又会口衔莲花〔4·79〕，而药叉女与恒河女神也常常是足踏摩竭，如巴尔胡特栏楯雕刻，如贝格拉姆出土的印度牙雕[2]〔4·33、2·33〕。吹送出如意蔓的摩竭鱼，也

---

[1] 《大正藏》第四卷，页267、页529。
[2] 桑奇佛塔之例，为实地考察所摄；印度牙雕，今藏阿富汗国家博物馆，照片为观展所摄。

4·80 如意蔓中的北俱卢洲 巴尔胡特大塔栏楯浮雕

4·81 大塔南门左柱外侧浮雕

当是善类。

　　此前在巴尔胡特大塔浮雕已经出现的如意蔓，是在不断回旋的弯弧里安排各种物事，乃至在里面"做人家"，栏楯笠石侧面浮雕"如意蔓中的北俱卢洲"[1]〔4·80〕，即是也。桑奇大塔南门左柱外侧浮雕也是类同的意匠，不过这里如意蔓的造型是通贯上下的一溜儿〔4·81〕。最

---

[1] 玛瑞里娅·阿巴尼斯《古印度——从起源至公元十三世纪》（刘青等译），页74，中国水利水电出版社，二〇〇六年。

第三章　其他　249

4·82 大塔南门正面第一横梁左端

　　下端的一个回旋里，斜倚在弯拱处的男子怀抱箜篌轻拢慢捻，相依偎的女子手持花蔓，情景略如前节举出的北门正面左柱第四格"岩间欢娱"〔4·14〕，大约也可视作乾达婆和他的眷属。其上又有回首下望的狮子和衔着花枝的鹦鹉。继续攀援向上的两个回旋中，贴着柔条的分别是莲花座上和手持花蕾的一对男女。又有所谓"种种叶华与果，彼等诸果，随心而出种种璎珞，悬垂而住"。由顶端收束处的螺旋，可知大塔各个塔门横梁两端巨型的旋卷纹，其取意，也是如意蔓[1]〔4·82〕。

　　依照神话传说，如意树本出天然，然而作为佛国供养物，它也可以人工造作，义净《南海寄归内法传》卷一"或作如意树以施僧，或造金莲华以上佛"，所云即是。

　　莲花纹样在中土出现得很早，先秦时代莲花的造型艺术就已经十分成熟，著名者，如河南新郑李家楼出土一对春秋中期器鹤莲方壶、山西太原出土莲盖方壶，又湖北枣阳九连墩战国一号墓出土彩绘龙凤纹莲花漆豆[2]〔4·83〕，等等。数百年后佛教东传，随风吹来

1　慧琳《一切经音义》卷二十一"卐字之形"条："今勘梵本，卐字乃是德者之相，元非字也。然经中上下据汉本总一十七字，同呼为万，依梵文有二十八相，即八种相中四种相也。"其后附图，所绘"难提迦物多"图，即同桑奇大塔横梁两端之旋纹，旁注曰："此云右旋。"
2　湖南省博物馆《凤舞九天：楚文物特展》，页154，湖南美术出版社，二〇〇九年。

新的种籽,遂与本土传统嫁接,在佛教艺术中放出新花。此后不过经历一轮两轮更新换代,便迅疾完成了中土化。而佛教艺术之外,莲花作为日常生活中始终不断延续着的装饰纹样,其中的宗教含义其实是很微弱的。

如意蔓的中土化过程与莲花相似。异域意匠与传统的二方连续纹相结合,经南北朝而隋唐,便已如杂花生树一般繁丽斑斓,绚烂于佛教艺术,也绚烂于此外之日常生活的装饰领域,名称和寓意均已改变。见于诗歌者,则"连枝"是也,多是作为两心相系的情爱象征。如吴均《杂绝句四首》"锦腰连枝滴(一作理),绣领合欢斜";如李德裕《鸳鸯篇》"洛阳女儿在青阁,二月罗衣轻更薄。金泥文彩未足珍,画作鸳鸯始堪著。亦有少如破瓜年,春闺无伴独婵娟。夜夜学织连枝锦,织作鸳鸯人共怜";白居易《绣妇叹》"连枝花样绣罗襦";又牛峤《女冠子》"鸳鸯排宝帐,荳蔻绣连枝",等等。而如意蔓之生美果、生衣饰,随人所愿任意取用的意思,或者本来不曾随同纹样而流行,或者在名称转换之际,即已悄然消弭。

4·83 彩绘龙凤纹莲花漆豆
湖北枣阳九连墩战国墓出土

供养物及其他

供养物中常见的是花蔓,释典通常作"华鬘"。玄应《一切经音义》卷一云:华鬘,"梵言俱苏摩,此译云华;摩罗,此译云鬘,音蛮。案西国结鬘师多用苏摩那华,行列结之,以为条贯,无问男女贵贱,皆此庄严,或首或身,以为饰好,则诸经中有华鬘、币天鬘、宝鬘等,同其事也"。佛经中也提到像如意树一般的鬘树,如隋阇那崛多译《起世经》卷一,人至树前,"鬘树自然为彼诸人垂枝下曲,流出种种上妙宝鬘,令彼人等手所擎及。便于树枝取诸妙鬘,系头上已"[1]。宋施护译《顶生王因缘经》卷二则以花蔓为树冠之喻:"彼池周匝,复有种种华树、果树,直生端立,圆无缺减,如结鬘师取以妙线,妙巧安布,盘结成鬘,华果树林亦复如是。"[2] 可知制作花蔓的材料,为鲜花,为珠宝,又或者用线编结。它也是桑奇三塔浮雕中出现最多的供养物及庄严之具。

大塔北门左柱外侧浮雕,是颇为壮观的一幅花蔓供养图[3][4·84]。中心为法轮的一双佛足印位于底端,足印中间是镶着两道边框的装饰带,主图为莲花与棕榈叶,边框是插在满瓶里的莲叶和莲花,一溜儿直通到顶端,与圆轮相接。圆轮中心一朵绽开的莲花,莲花外缘一周莲枝如意蔓。圆轮上方是中央擎起一柄伞盖的三宝标,三宝标向内的弯弧里簇拥着莲花和莲叶,伞盖上面的花蔓纷披着垂下来,三宝标的轮廓里则满布着葡萄如意蔓。位于中心的伞盖两边各有一柄小伞盖,边缘也低垂着花蔓。长长一溜儿装饰带的两边探出八对曲枅,曲枅上挑着一对项饰和各种花蔓。项饰的式样与巴尔胡特大塔药叉女所佩相同,即如前节所举[4·35]。右边佛足印上方的花蔓,似即用线结成;

---

1 《大正藏》第一卷,页 316。
2 《大正藏》第三卷,页 396。
3 线图采自逸见梅荣『古典印度文様』,图四九二。

252

4・84:1 大塔北门左柱外侧浮雕局部一 　　　　4・84:2 大塔北门左柱外侧浮雕局部二

4・84:3 大塔北门左柱外侧浮雕局部三　　　　4・84:4 大塔北门左柱外侧浮雕局部 采自『古典印度文様』

4·85:1 彩绘佛像绢衣上的立佛
新疆楼兰故城北墓葬出土

4·85:2 彩绘佛像绢衣上的花蔓
新疆楼兰故城北墓葬出土

其上是璎珞制作的宝蔓；更上之花蔓，则为花朵制作。

以花蔓、宝钏、项饰之类作为供养物填充画面，在龟兹壁画中很是流行，花蔓也颇近于印度样式。此外尚有很特别的一例，即新疆楼兰故城北墓葬出土的一件彩绘佛像绢衣，绢衣前襟绘一身莲花台上的立佛，下摆处绘花蔓，其时代约当东汉至魏晋之间[1]〔4·85〕。

具有"桑奇特色"的装饰纹样，还有一类是骑乘者，坐骑则为象，为马，为瘤牛、羚羊、骆驼，又或长着翅膀的怪兽，多是凸梁上面相背的一对，骑乘者或为男子，或是一人一骑的一对男女〔4·86~93、4·52〕。

瘤牛，中土文献称作封牛（佛经作犎牛）。《汉书·西域传》曰罽宾"出封牛、水牛、象"，颜师古注："封牛，项上隆起者也。"《后汉书·顺帝纪》曰阳嘉二年，"疏勒国献师子、封牛"，李贤注："封牛，其领上肉隆起若封然，因以名之。"阿富汗贝格拉姆即古城迦毕试遗址

---

1 绢衣曾在二〇〇九年首都博物馆举办"千古探秘——考古与发现展"展陈，照片为参观所摄。

4·86 南门左柱
第二横梁左端

4·87 大塔东门正面柱头

4·88 大塔西门正面第三横梁右段

4·89 大塔南门正面
第二横梁左段

4·90 北门背面
第三横梁左段

4·91 大塔东门正面
第三横梁右段

4·92 大塔东门背面第三横梁右段

4·93 大塔东门背面第一横梁右段

4·94 瘤牛牙雕
　　　阿富汗贝格拉姆出土

4·95 瘤牛纹宝石
　　　阿富汗席巴尔干
　　　大月氏墓出土

4·96 森姆塞姆石窟
　　　第四十二窟壁画

出土物中有瘤牛牙雕〔4·94〕、席巴尔干大月氏墓出土刻着瘤牛的宝石[1]〔4·95〕。新疆龟兹壁画也或有瘤牛的形象，如森姆塞姆第四十二窟穹窿顶外沿的装饰纹样[2]〔4·96〕。

1　牙雕出自二号发掘现场十号墓室，时代约当一世纪；宝石出自蒂利亚·泰佩三号墓，时代约为一世纪上半叶后期。今藏阿富汗国家博物馆，照片为观展所摄。
2　周龙勤等《中国新疆壁画艺术》第五卷，图六六，新疆美术摄影出版社，二〇〇九年。

第三章　其他　257

4·97 马图拉石雕
印度国家博物馆藏

  大塔雕刻中作为坐骑的大象，总是披一身华丽的装饰，象身或覆方格纹的坐垫，这也是此前已有的传统样式，如贵霜时期的马图拉石雕[1] [4·97]。此坐垫应即中土文献中说到的"罽"。如所谓"织毛曰罽"[2]；又"罽者，织毛为之，若今之毛氍毹，以衣马之带鞿也"[3]。马的头顶上一团高耸着的鬃毛，似即经文中常常说到的"髦马"。慧琳《一切经音义》卷五十二"髦马"条曰：髦马，"青绀色也，头如乌，此马宝也。以毛饰故，因以名焉"。观大塔浮雕出行场面中的骑乘者，坐骑似乎多是髦马。

  坐骑上面各种华美的装饰，如璎珞、铃铛、旒苏，大约很早即由使者携入中土以为贡物，且为都城贵盛者所仿效。《西京杂记》卷二："武帝时身毒国献连环羁，皆以白玉作之，玛瑙石为勒，白光琉璃为鞍。鞍在暗室中，常照十余丈，如昼日。自是长安始盛饰鞍马，竞加雕镂。或一马之饰直百金，皆以南海白蜃为珂，紫金为花，以饰其上。犹以不鸣为患，或加以铃镊，饰以流苏，走则如撞钟磬，动若飞幡葆。"《西京杂记》固非信史，但这一节记事于辔饰的诸般形容，与桑奇大塔浮

---

1 时代约为公元前二世纪，印度国家博物馆藏。此为参观所见并摄影。
2 玄应《一切经音义》卷十九。
3 《尔雅·释言》"氂，罽也"条宋邢昺疏。

4·98 大塔南门柱头　　　　　　4·99 大塔西门柱头

雕却多可对应。

桑奇大塔的四座塔门各有一对立柱，立柱与第三横梁之间的柱头装饰也各有不同：南门为阿育王柱式的四狮〔4·98〕，西门为挺胸叠肚的四个侏儒〔4·99〕，北门和东门虽然都是四个骑象者〔4·30:1、4·87〕，但造型并不相同。

总之，桑奇浮雕的特色之一，是不留空白的饱满构图，单幅画面如此，整体设计，也处处教人觉得"雕缋满眼"，正如同佛经中经常出现的重重叠叠密不透风式的形容描写。比如大塔塔门三道横梁之间以布满浮雕的支柱与骑象舆者的圆雕交错排列〔4·100〕，比如塔门立柱各面几乎不留余地的纹样安排，乃至塔门横梁短窄的侧面也雕刻着天人〔4·101〕，等等。如此之组丽纷繁，却因为有朴拙、真率之气为支撑，而能够处处生趣，此所以为后世不可及也。

佛教是出世的，追求"过洁净的生活"[1]，然而作为佛教艺术的桑奇浮雕却是"入世"的——不仅若干内容与佛教并无关系或没有直接关

---

1 《经集·大品·出家经》（郭良鋆译），页65，中国社会科学出版社，一九八九年。

第三章　其他　259

4·100 大塔北门背面横梁中段

4·101 大塔北门横梁侧面

系,即便讲述佛经故事,这里展现的也多是世俗景象,且常常以亲切近人的细节刻画表现蓬勃、峥嵘的生命样态,乃至对世俗生活中享乐和奢华的热情。想象着当日绕塔礼拜时,此静穆中的烈烈轰轰,给予信众宗教信念的同时,更有着艺术的感动罢。

大塔主要浮雕位置略图[1]

南门正面

第一横梁：诞生（页 33）

第一横梁下方短柱：左：正觉（页 64）；右：正觉

第二横梁：阿育王访罗摩聚落（页 201～202）

第二横梁下方短柱：礼敬佛塔（页 133）；诞生

第三横梁：如意蔓与精灵（页 244）

凸梁：骑乘者

左柱正面：初转法轮（页 73）；阿育王朝拜菩提树；因陀罗骑象出行

左柱内侧：正觉（页 65）；贵族出行（页 41）；发髻抛入天宫（页 48）

左柱外侧：如意蔓（页 249）

南门背面

第一横梁中段：礼敬七佛

第一横梁左段：逾城出家（页 48）

第一横梁右段：四门出游（页 49）

第一横梁下方柱：满瓶中的莲花；正觉（页 64）

第二横梁：六牙象王本生（页 152～153）

---

[1] 位置图所标示者，以本书涉及的图像为主，括号内的页码，为本书页码。

第二横梁下方柱：左：正觉（页65）；右：正觉

第三横梁：八分舍利（页137～141）

凸梁：骑乘者

北门正面

第一横梁：礼敬七佛

第一横梁下方柱：诞生；说法

第二横梁：礼敬七佛

第二横梁下方柱：诞生；说法

第三横梁中段：须大拏本生（页173）

第三横梁左段：须大拏本生（页175）

第三横梁右段：独角仙人本生（页167）

凸梁：骑乘者

左柱正面：舍卫城的奇迹（页105）；祇园布施（页110）；波斯匿王出城（页104）；岩间欢娱（页211～212）

右柱正面：忉利天说法归来（页122）；四门出游（页41）；尼拘律园说法（页112）

左柱内侧：帝释窟说法（页115）；波斯匿王（或阿阇世王的朝访）；竹林精舍（页97）；药叉（页215）

左柱外侧：供养物（页225，253）

右柱内侧：大般涅槃（页131）；猕猴献蜜（页126）；尼拘律园的奇迹；药叉（页215）

右柱外侧：供养人与如意蔓（页247）

北门背面

第一横梁：六牙象王本生（页155）

第一横梁下方柱：满瓶中的莲花

第二横梁：降魔成道（页53）

第三横梁上方柱：诞生（页38）；礼敬佛塔

第三横梁右段：须大拏本生（页177）

第三横梁中段：须大拏本生（页172～173）

第三横梁左段：须大拏本生（页183）

第三横梁柱头下：礼敬道树；礼敬佛塔

凸梁：骑乘者

东门正面

第一横梁：礼敬七佛（页206～207）

第二横梁上方柱：诞生（页37）；正觉

第二横梁：逾城出家（页45）

第二横梁下方柱：说法；诞生（页37）

第三横梁：阿育王朝拜菩提道场（页198～199）

凸梁：骑乘者；有翼狮子

左柱正面：舍卫城的奇迹（页106）；阿育王朝拜菩提道场（页199）；尼连禅河奇迹（页88）；频婆娑罗王迎候佛陀（页92～93）

左柱内侧：苦行林（页79）；降伏毒龙（页80）；事火外道（页82）；药叉

左柱外侧：如意蔓（页247）

右柱正面：欲界六天（页208）

右柱内侧：净饭王礼佛（页69）；白象入胎·回到迦毗罗卫城（页28、102）；药叉（页214）

右柱外侧：莲花与如意蔓（页241）

东门背面

第一横梁：礼敬七佛（页206）

第一横梁下方柱：礼敬七佛（页207）

第二横梁：群兽朝拜菩提树（页233）

第二横梁下方柱：满瓶中的莲花

第三横梁：群象供养佛塔（页203）

凸梁：骑乘者

西门正面

第一横梁：礼敬七佛

第一横梁下方柱：正觉（页65）

第二横梁：初转法轮（页73）

第二横梁下方柱：诞生（页34）；正觉（页65）

第三横梁：六牙象王本生；礼敬佛塔（页133～134）

凸梁：有翼狮子；骑乘者

左柱正面：贵族生活（页95）

左柱内侧：睒子本生（页159）；龙王礼佛（页68）

左柱外侧：莲花心上的骑士

右柱正面：大猴王本生（页163）；礼敬道树；三只狮子

右柱内侧：降魔成道（页57）；尼拘律园说法；药叉（页215）

右柱外侧：莲花心上的骑士（页230）

西门背面

第一横梁：八分舍利（页144～145）

第二横梁上方柱：左：礼敬佛塔；右：礼敬佛塔（页134）

第二横梁：八分舍利（页145）

第二横梁下方柱：说法；礼敬佛塔

第三横梁：降魔成道（页54）

骑乘者	诞生（页33）	骑乘者
正觉（页64）		正觉
骑乘者	阿育王访摩罗聚落（页201～202）	骑乘者
礼敬佛塔（页133）		诞生
骑乘者	如意蔓与精灵（页244）	骑乘者

如意蔓（页249）

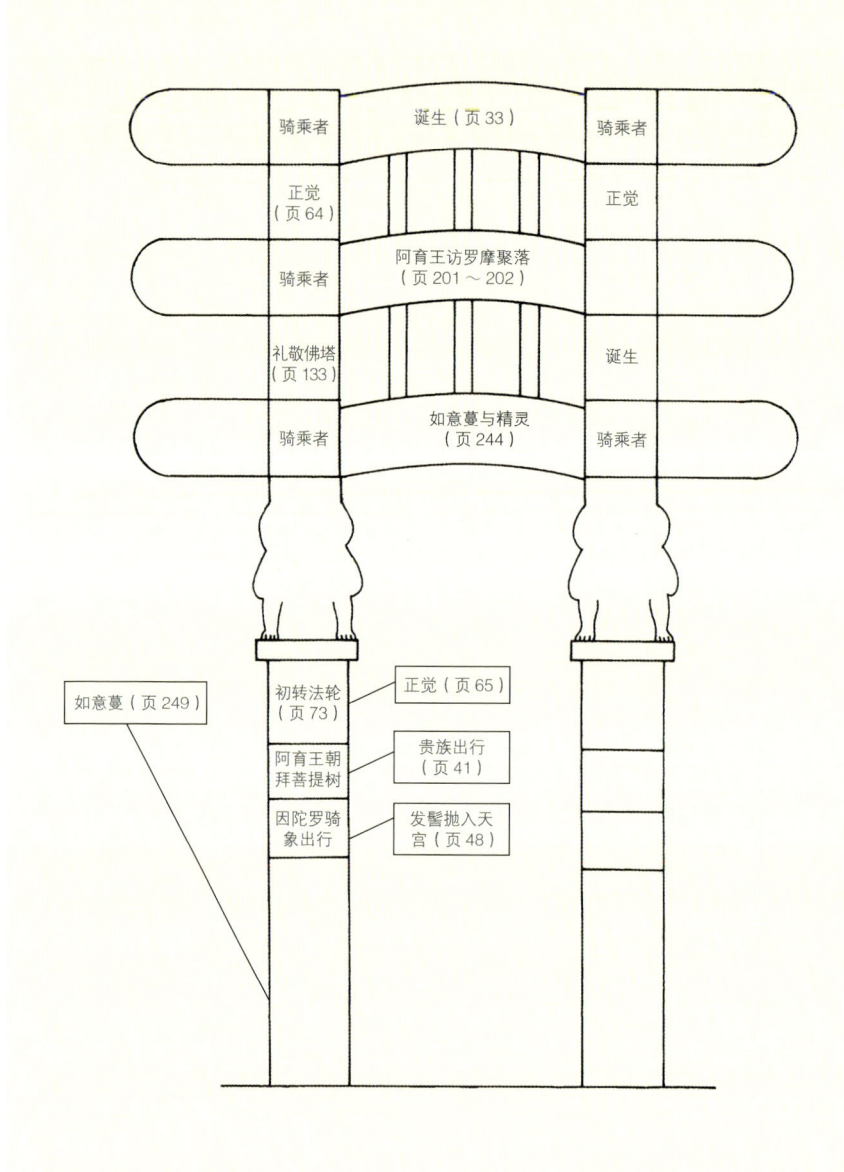

初转法轮（页73）
正觉（页65）
阿育王朝拜菩提树
贵族出行（页41）
因陀罗骑象出行
发髻抛入天宫（页48）

5·1 大塔南门正面

逾城出家 （页48）	骑乘者	礼敬七佛	骑乘者	四门出游 （页49）
	满瓶中的莲花		正觉 （页64）	
		六牙象王本生 （页152～153）	骑乘者	
	正觉 （页65）		正觉	
		八分舍利（页137～141）		

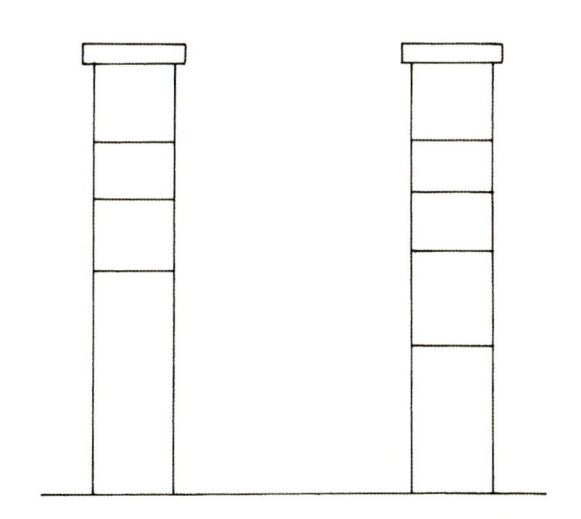

5·2 大塔南门背面

大塔主要浮雕位置略图　267

桑奇三塔

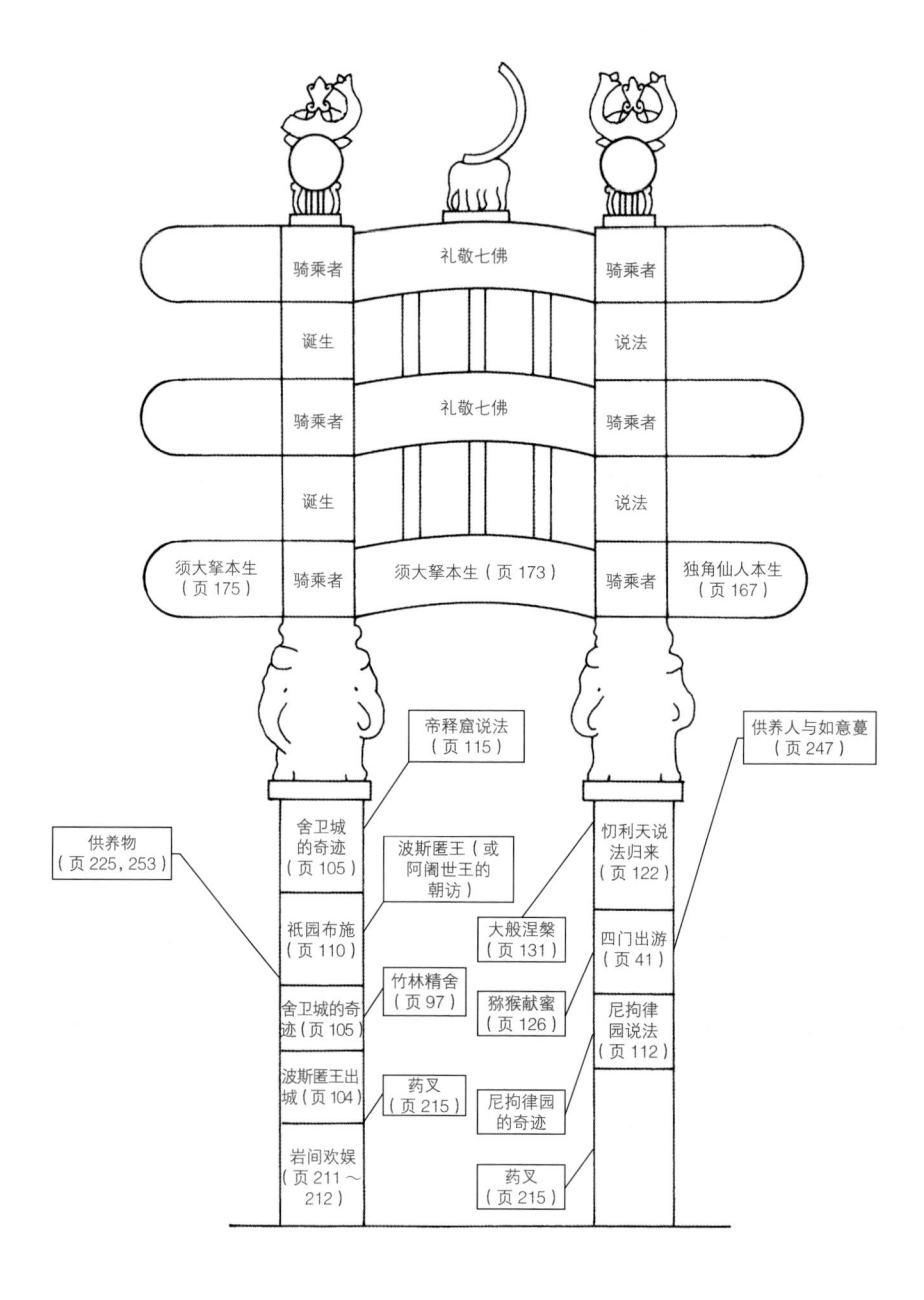

位置	内容
顶部横梁	骑乘者 / 礼敬七佛 / 骑乘者
	诞生 / 说法
中部横梁	骑乘者 / 礼敬七佛 / 骑乘者
	诞生 / 说法
底部横梁	须大拏本生（页175）/ 骑乘者 / 须大拏本生（页173）/ 骑乘者 / 独角仙人本生（页167）

左柱（自上而下）：
- 供养物（页225, 253）
- 舍卫城的奇迹（页105）
- 祇园布施（页110）
- 舍卫城的奇迹（页105）
- 波斯匿王出城（页104）
- 岩间欢娱（页211~212）

中左柱：
- 帝释窟说法（页115）
- 波斯匿王（或阿阇世王的朝访）
- 竹林精舍（页97）
- 药叉（页215）

中右柱：
- 大般涅槃（页131）
- 猕猴献蜜（页126）
- 尼拘律园的奇迹
- 药叉（页215）

右柱：
- 供养人与如意蔓（页247）
- 忉利天说法归来（页122）
- 四门出游（页41）
- 尼拘律园说法（页112）

5·3 大塔北门正面

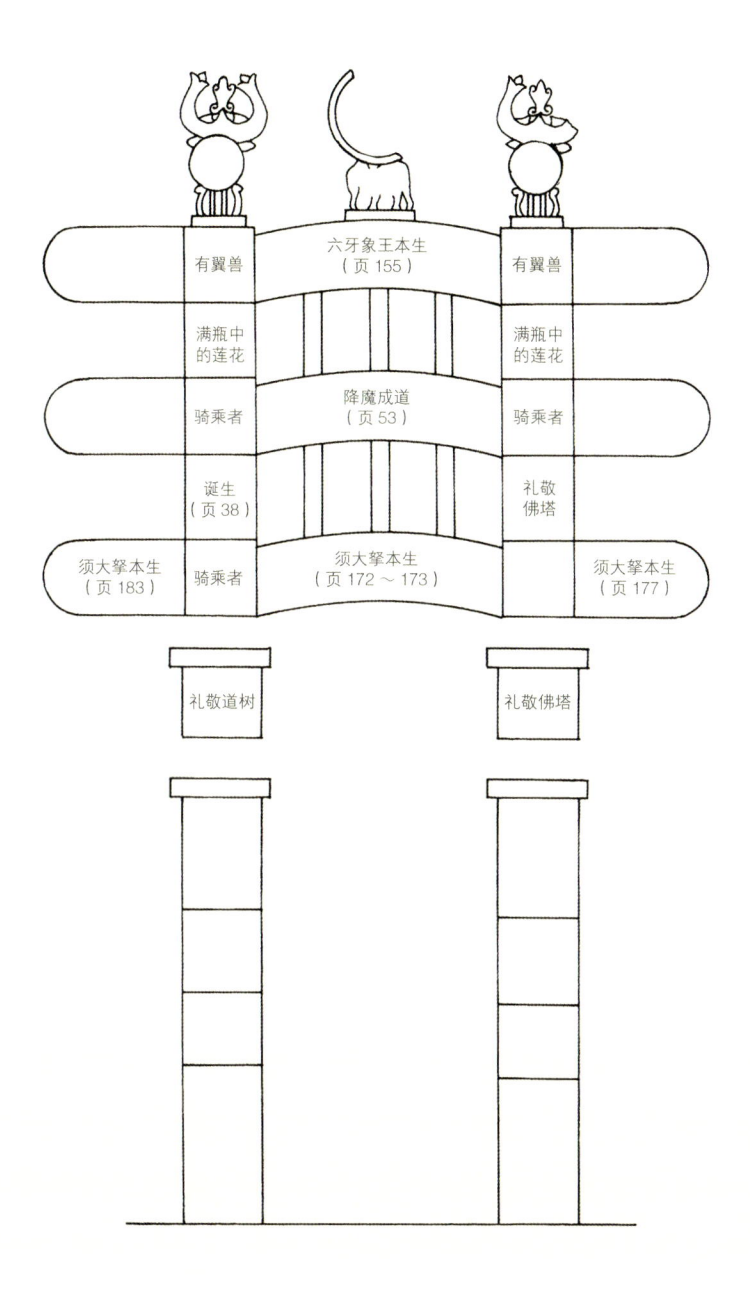

有翼兽	六牙象王本生 （页 155）	有翼兽
满瓶中的莲花		满瓶中的莲花
骑乘者	降魔成道 （页 53）	骑乘者
	诞生 （页 38）	礼敬 佛塔
须大拏本生 （页 183）	骑乘者 · 须大拏本生 （页 172～173）	须大拏本生 （页 177）

礼敬道树 　　　　礼敬佛塔

5·4　大塔北门背面

大塔主要浮雕位置略图

桑奇三塔

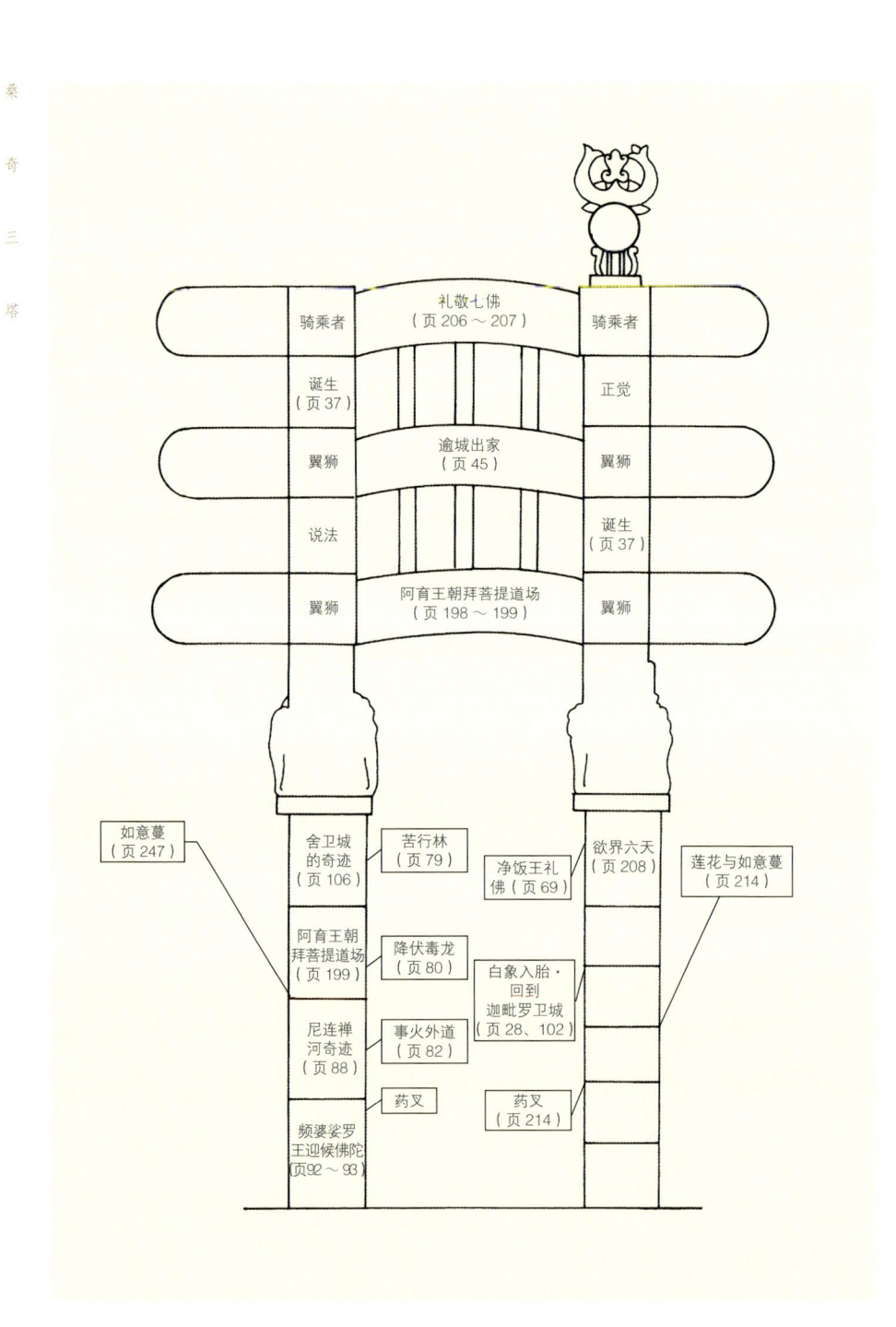

```
                              ┌─────┐
                              │     │
                              └──┬──┘
        ┌──────┐   礼敬七佛    ┌──────┐
        │骑乘者│ （页206～207）│骑乘者│
        └──────┘              └──────┘
        ┌──────┐              ┌──────┐
        │ 诞生 │              │ 正觉 │
        │(页37)│              │      │
        └──────┘              └──────┘
        ┌──────┐   逾城出家   ┌──────┐
        │ 翼狮 │  （页45）    │ 翼狮 │
        └──────┘              └──────┘
        ┌──────┐              ┌──────┐
        │ 说法 │              │ 诞生 │
        │      │              │(页37)│
        └──────┘              └──────┘
        ┌──────┐阿育王朝拜菩提道场┌──────┐
        │ 翼狮 │  （页198～199）│ 翼狮 │
        └──────┘              └──────┘
```

如意蔓（页247）

舍卫城的奇迹（页106）
苦行林（页79）
净饭王礼佛（页69）
欲界六天（页208）
莲花与如意蔓（页214）

阿育王朝拜菩提道场（页199）
降伏毒龙（页80）
白象入胎·回到迦毗罗卫城（页28、102）

尼连禅河奇迹（页88）
事火外道（页82）

药叉
药叉（页214）

频婆娑罗王迎候佛陀（页92～93）

5·5 大塔东门正面

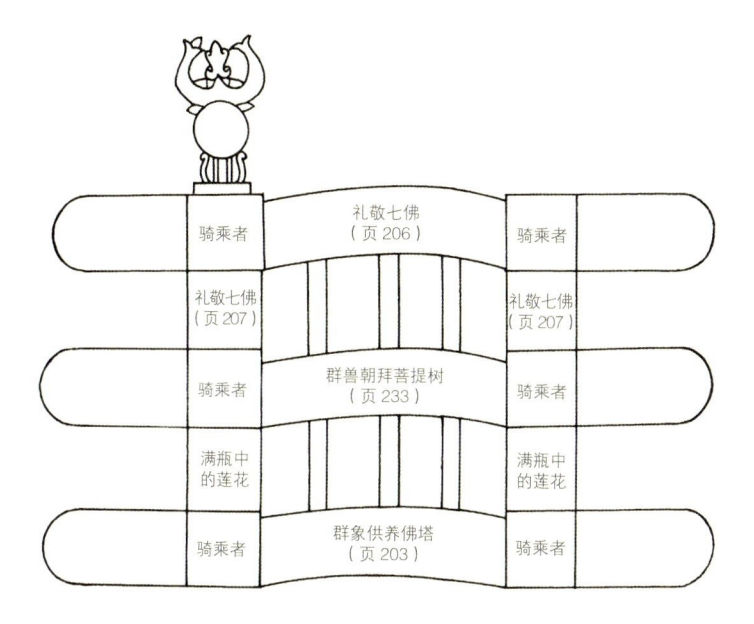

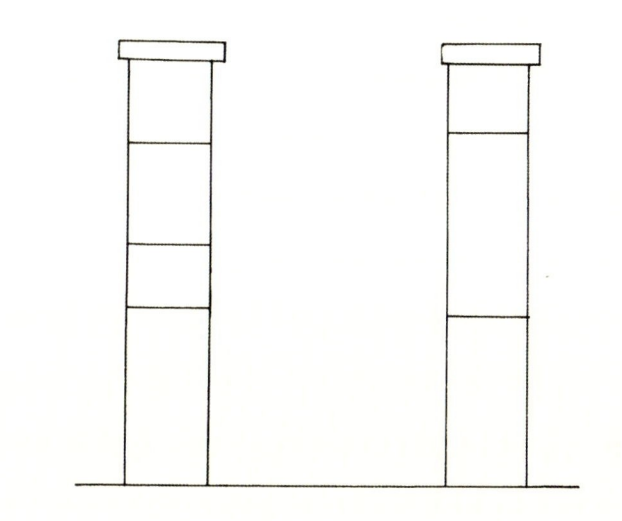

骑乘者	礼敬七佛 （页206）	骑乘者
礼敬七佛 （页207）		礼敬七佛 （页207）
骑乘者	群兽朝拜菩提树 （页233）	骑乘者
满瓶中的莲花		满瓶中的莲花
骑乘者	群象供养佛塔 （页203）	骑乘者

5·6 大塔东门背面

大塔主要浮雕位置略图 271

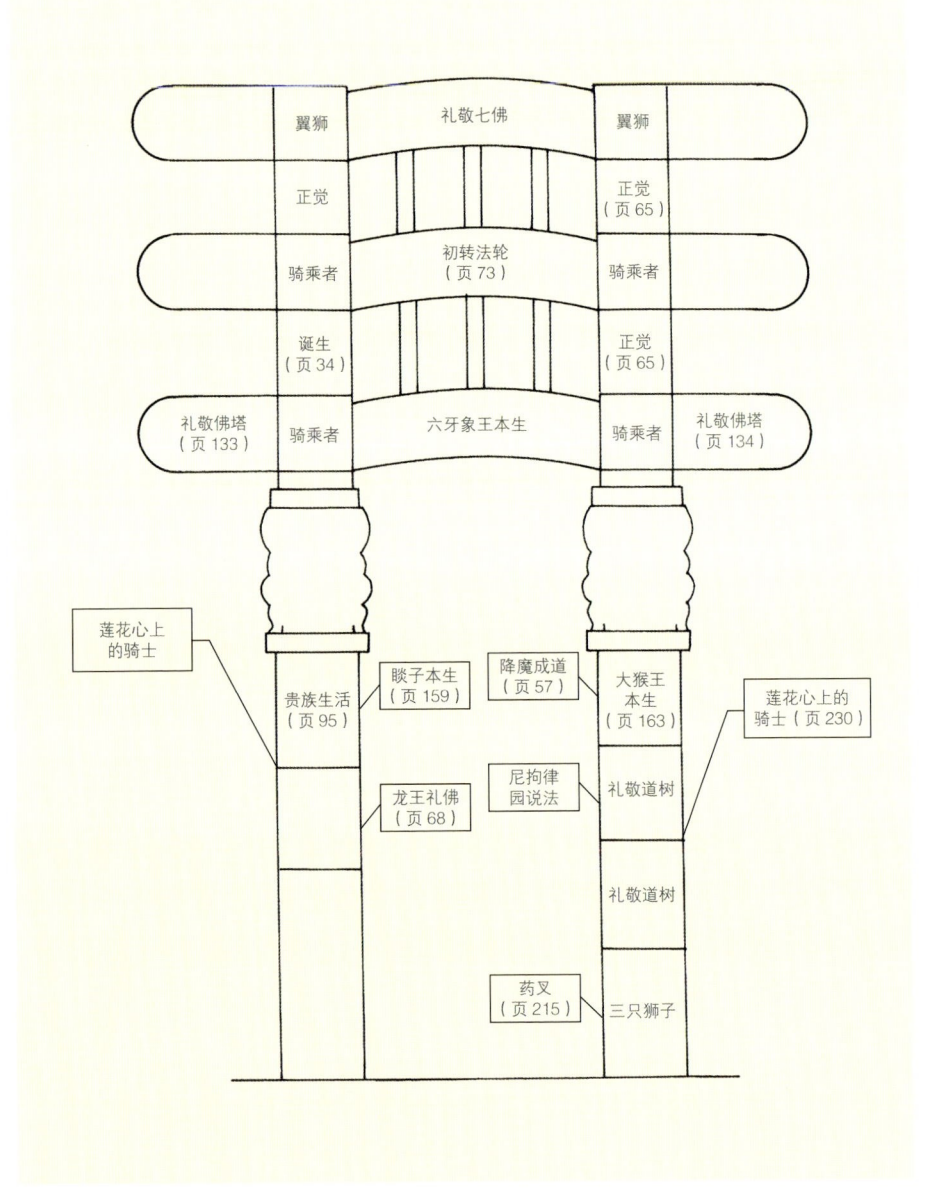

```
┌──────┬────────────┬──────┐
│ 翼狮 │  礼敬七佛  │ 翼狮 │
├──────┼────────────┼──────┤
│ 正觉 │            │ 正觉 │
│      │            │(页65)│
├──────┤  初转法轮  ├──────┤
│骑乘者│   (页73)   │骑乘者│
├──────┤            ├──────┤
│ 诞生 │            │ 正觉 │
│(页34)│            │(页65)│
├──────┼────────────┼──────┤
│礼敬  │            │骑乘者│礼敬
│佛塔  │ 六牙象王本生│      │佛塔
│(页133)│骑乘者      │      │(页134)│
└──────┴────────────┴──────┘
```

	莲花心上的骑士				
		睒子本生 (页159)	降魔成道 (页57)	大猴王本生 (页163)	莲花心上的骑士 (页230)
	贵族生活 (页95)		尼拘律园说法	礼敬道树	
		龙王礼佛 (页68)		礼敬道树	
			药叉 (页215)	三只狮子	

5·7 大塔西门正面

翼狮	八分舍利 （页 144～145）	翼狮
礼敬 佛塔		礼敬 佛塔 （页134）
骑乘者	八分舍利 （页 145）	骑乘者
说法		礼敬 佛塔
翼狮	降魔成道 （页 54）	翼狮

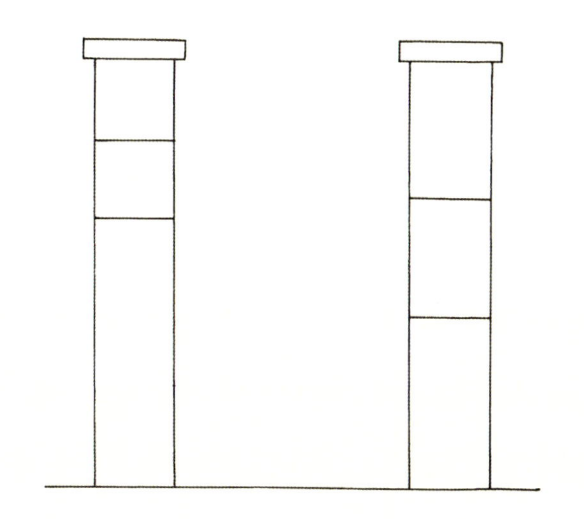

5・8 大塔西门背面

大塔主要浮雕位置略图

三联版后记

一

  首先要说的是，我读的佛经，与桑奇工匠所读，不是一个本子，甚至有的时间还会更晚，比如马鸣，又比如龙树的撰著。这里寻求的不是图像与文本的严格对应，而是文意与图像的大致相合，那么可以说是逆向追索。因此很大程度上，我是把桑奇浮雕的一大部分作为佛陀画传来读，而它正是时代早且保存最为完好的一部。

  读图过程中，常常翻阅的两本书，是于凌波《释迦牟尼与原始佛教》、郭良鋆《佛陀和原始佛教思想》，又渥德尔《印度佛教史》、查尔斯·埃利奥特《印度教与佛教史纲》第一卷中关于佛传的部分。作者从释典中勾稽释迦牟尼事迹，努力于复原一位贵族青年由迷惘、困惑走向觉悟终至成为精神导师的历程，所引佛经或以汉译为主，或取自巴利文佛经，而不同文字的佛经于世尊行历，都有切近人情的叙述。由说法的睿智风趣，固可见出一位"望之俨然，即之也温，听其言也厉"的智者风神，此外的若干言行，也颇可教人读罢低回不尽。

  比如于著中"释尊的容色言行"一章举出的不少事例，其中一例是"佛自乞僧举过"："这是《增一阿含经》上的故事。说是及弟子们夏安居结束，在'自恣'仪式的时候，世尊坐在草座上——就是敷草于地而坐。因为是'恣僧举过，舍憍慢故'，所以不坐本座而坐在草上——告诸比丘说：'我无过咎于众人乎？又不犯身口意乎？如是至三。"

又比如,世尊从不鼓励弟子和信众对他个人的膜拜。《印度教与佛教史纲》中提到,"在拒绝过分恭维时,他的言词既有讽刺而又谦虚。有一次舍利弗说:'世尊,我有如是信仰,我认为过去、现在和未来没有一人比世尊更为伟大和更有智慧。'佛陀回答说:'舍利弗,你当然知悉过去一切诸佛。''不,世尊。''那末,你知道未来诸佛。''不,世尊。''那末你至少知道我,而且彻底看透了我的心。''世尊,这我也不能说。''那末,舍利弗,你的话为什么如此豪迈大胆呢?'"

又《长阿含经》卷一《游行经》记世尊行将入灭之际,守候在旁的阿难心中惶惧,因请世尊再施教诫。世尊答曰:"阿难,我所说法,内外已讫,终不自称所见通达。吾已老矣,年且八十,譬如故车,方便修治,得有所至,吾身亦然。以方便力得少留寿,自力精进,忍此苦痛"。然后,"佛告阿难:吾灭度后,能有修行此法者,则为真我弟子第一学者"。至入灭之际,"世尊自四𭻋僧伽梨,偃右胁如师子王,累足而卧。时双树间所有鬼神笃信佛者,以非时花布散于地。尔时,世尊告阿难曰:'此双树神以非时华供养于我。此非供养如来。'阿难白言:'云何名为供养如来?'佛语阿难:'人能受法,能行法者,斯乃名曰供养如来'"。非时鲜花布散于地,固为供养如来,然而世尊以为,能够接受如来的教法,能够身体力行如来的教法,如此,才是真正的供养如来。

总之,溯源寻流,每每会发现源头的清澈,而向下流淌的过程中失去最多的便是这样的因子,虽然这条清流是在不断增添别样的丰沛。

二

本书援引的佛经,或稍嫌多,不过真是我喜欢的文字。这里把它作为桑奇故事性浮雕的"画外音",却是很少考虑佛理或学理的因素,只是觉得某一段文字与某一幅图像对读，最可得会心之乐，便引录下来。想想《出三藏记集》里讲述的译经场中的情景，会觉得更有意思。虽然早期多是出自胡僧，不过当日胡僧的中西兼通之水平，今人未必可及呢。

第一章引述较多的马鸣《佛所行赞》，其成书要稍晚于桑奇——马鸣的活动时间约在公元一、二世纪之间。《佛所行赞》虽然收编在佛典，但它实在是诗而不是经。义净《南海寄归内法传》卷四曰："尊者马鸣，亦造歌词及《庄严论》，并作《佛本行诗》，大本若译有十余卷。意述如来始自王宫，终乎双树，一代佛法，并缉为诗。五天南海，无不讽诵。意明字少，而摄义能多，复令读者心悦忘倦。"周一良《汉译马鸣〈佛所行赞〉的名称和译者》考证《佛所行赞》的名称即应为《佛本行诗》。它"在印度文学史上，属于宫廷诗（Kavya）一类，据说这种诗里一定要讲到统治国家和做人的道理，要描写女人，要描写打仗，并且要用比较雕琢文饰的字句。《佛所行赞》这几点上都成功地作到。治国家和做人的道理由优陀夷说出，见《离欲品》。《厌患品》叙述太子出游时女子们争先恐后的抢着看，《离欲品》叙述太子夜间在宫中看见采女们睡眠时的种种相。对于女人的服饰、动作和心理有着极细腻周到的描写。不过中译本删去很多，大概认为与经典的庄严不合，不知梵文原本本来是'诗'而不是'经'也"。又在《论佛典翻译文学》中评说曰："马鸣的《佛所行赞》是以诗的体裁来叙佛的一生，原文尚存半部，在梵文学史上，是数一数二的名作。""如《合宫忧悲品》……'生亡我所钦，今为在何所？人马三共行，今唯二来归。我心极惶怖，战栗不自安。终是不正人，不昵非善友。不吉纵强暴，应笑用啼为。将去而啼还，反复不相应。……故使圣王子，一去不复归。汝今应大喜，作恶已果成。宁近智慧怨，不习愚痴友。假名为良朋，内实怀怨结。今此胜王家，一旦悉破坏'。虽然不如原文之畅达，也足以表见一个女子既恨且怨的口吻。'生亡我所钦'是据高丽藏本，宋元明三本都作'共我意中人'。案原文相当于这一句的是 Gataḥ Kvasa chandaka manmanorathaḥ。意为'车匿，我心所悦之人何在？'宋元明三本之'意中人'比'我所钦'更为近似"（《周一良集》第叁卷，辽宁教育出版社，一九九八年）。马鸣诗中，类此之传神写心的文字尚有不少，本书所引只是与图像相关的部分。相传它的译者是北凉昙无谶，不过《汉译马鸣〈佛所行赞〉的名称和译者》认为很难成立，应是"失译"。

赞宁《宋高僧传》卷三论翻译曰："翻也者，如翻锦绮，背面俱花，但其花有左右不同耳。"又卷二十七《含光传》后附论云，"夫西域者，佛法之根干也，东夏者，传来之枝叶也"；而"入土别生根干"，"善栽接者，见而不识，闻而可爱也。又如合浦之珠，北土之人得之，结步摇而饰冠珮。南海之人见而不识，闻而可爱也。蚕妇之丝，巧匠之家得之，绣衣裳而成黼黻。缫（缲）抽之姬，见而不识，闻而可爱也"。我于是自比于"见而不识"之姬，读经有"闻而可爱"之喜，也就很满足了。

三

魏晋以降，至唐中期，前后五百余年间，中土高僧"西天取经"者，有百数十人，而以五世纪印度笈多时代和七世纪戒日王称雄北印度之际为最多。与佛陀一生行历相关的圣迹多见于《佛国记》和《大唐西域记》，笈多时代的阿旃陀石窟也在《大唐西域记》中留下记载，但桑奇遗迹却是不曾见诸文字。

法显、玄奘为古代印度的社会生活留下了宝贵的纪录，有些甚至是唯一的纪录。相比之下，对现当代印度考古以及考古成果的深入研究，吾人则是少之又少，不论远古的印度河文明抑或早期佛教遗迹。这是否可以算作一项遗憾呢。

然而以"桑奇"为题写一本书，我的条件却是远远不够的。桑奇佛教遗址的发现，距今将近二百年，海外学者对它的研究，已经很充分，但我除了马歇尔与福歇的若干著述之外，其他几乎没有接触。所读佛经，不及大海中的一滴水，遑论对佛学精义的理解。因此可以说既无语言优势，也无专业优势。

写作的动力，第一来自三年前的印度之行。其时所到之地为北方邦耶木纳河西岸的马图拉、中央邦首府博帕尔的桑奇，比哈尔邦恒河南岸的巴特那，马哈拉施特拉邦的阿旃陀石窟、埃罗拉石窟，孟买的坎哈瑞石窟，又马图拉、巴特那、那烂陀、加尔各答等诸地博物馆和新德里印度国家博物馆。十三天里，日程安排十分紧凑，每一天都是晓行夜宿——凌晨四点钟起身，午夜以后入睡，而紧张的一天总是收获极丰。虽然很多图像早在书中读得熟了，但亲见实物的感觉与之自不可同日而语。归来整理照片，如同一次又一次返回阳光下的桑奇，如此往返无数，不免添得牵挂无数。于是很想读一读今人（除了我八年前读到的台湾橡树林文化版林许文二、陈师兰《印度佛教史诗：图解桑奇佛塔》之外）对它的介绍，以解决悬疑。

不料找寻的结果，却是发现中国大陆竟然没有一本全面介绍桑奇的专著（此刻心中仍存忐忑：会是因为我的疏漏而没有找到么），因此它便成为写作动力之二——做这样一件很难不被人哂笑的事，实在是需要特别的勇气。不过本书副标题"西天佛国的世俗情味"，多少为自己的读图开启了方便法门。就视觉形象而言，它给予观者的感觉是世间情味多，出世的情味很少。对佛陀的赞叹，是来自对一位圣者的智慧之崇仰，而这一位圣者，便完全隐身于展开在我们面前的故事里。

幸运的是，去岁春夏之交以及仲秋时节，分别得获赴欧洲几个博物馆和印尼爪哇婆罗浮屠参观的机会。行旅所及，在关注早期佛教艺术的过程中，慢慢生出看世界的感觉：一个小小的纹饰，竟可以折射出跨山越海的曲折经历。传播的因素当然有很多种：和平的，战争的；偶然的，必然的，等等。天下格局分而合、合而分的不断变化带来的文化传递，常会演出令人不可思议的传奇。有的可以大致勾画出经行的路径，有的却只能是若干虚线，甚至只是分散的点。我想，作为一个游客，我在这里记下近年各地游走所见以及归来后整理印象之际遇到的相关资料，且选择一种我喜欢的方式，把印度之行拍摄的照片资料刊布出来，以成专题介绍桑奇三塔浮雕的一小册，这样的努力，也许不无意义罢。

四

印度之行曾得到敦煌研究院支持和部分赞助，欧洲行旅得获法国远东学院暨中国社会科学院文学研究所的支持和部分赞助。印度考察行程仰赖新加坡袁犍女史体贴我之心愿的周到安排和调护，欧洲博物馆参观、购书以及本书所涉法文图书的翻译，悉得益于贤友王楠。稿成，承陈平同道悉心披阅，提出很多中肯的意见。老友吴彬的细心编校，亦使此书避免不少疏失。在此一并深致谢忱。

最后要说明的是，本书图片除署名以及注明出处者外，均为李志仁同志摄影。

人美版后记

印度之行，转眼七年过去了，距离《桑奇三塔》的写作也逾五年。在此期间曾有美国之旅和英国之旅，博物馆里看到相关的展品，图书馆里得见马歇尔《桑奇遗迹》原著初版，都不免生出亲切之感，却是终究再鼓不起勇气在这一领域里继续学习和探索，包括曾经有过的念头——把考察所历的斯里兰卡早期佛教遗址、印尼爪哇的婆罗浮屠一一纪录下来——也都长期搁浅，并且很可能是永远搁浅。虽然图像资料所获已不算少，也不乏亲历的感受与心得，只是"翘足志学，白首不遍"（《金楼子·立言上》），知识之缺失，教人实在不敢轻易动笔。然而无论如何，关于桑奇三塔的考察与考察之记述，是我问学途中一段很可珍视的经历，这一切便多半录存于此编，因编为《楉柿楼集》卷十。与旧版相较，除添换若干照片外，无多修改。

丙申暑月十八，雨窗下

新版后记

十三年前,印度考察归来,策驽励钝,成此一册,二〇一二年初版于生活·读书·新知三联书店,四年后收入人民美术出版社的《楷柿楼集》(香港中和出版社同时印行繁体字版)。如今,又是六年光阴转瞬而过。以我的孤陋寡闻,只知道十年前海南出版社出版了我在三联版后记中提到的《印度佛教史诗:图解桑奇佛塔》简体版,此外,迄无主题相同的著述面世。那么作为一本读"物"心得式的小书,它尚有聊供翻览的价值,而稍可免支公"与君别多年,君义言了不长进"之讥。当年人美版后记中的几句话仍可用在这里:关于桑奇三塔的考察与考察之记述,是我问学途中一段很可珍视的经历,这一切便多半录存于此编。与旧版相较,除更换若干照片之外,无多修改。

壬寅二月廿八日,春雨中

桑奇三塔：西天佛国的世俗情味

SANGQI SAN TA: XITIAN FOGUO DE SHISU QINGWEI

图书在版编目（CIP）数据

桑奇三塔：西天佛国的世俗情味 / 扬之水著. -- 桂林：广西师范大学出版社，2023.8
（扬之水作品系列）
ISBN 978-7-5598-6101-6

Ⅰ. ①桑… Ⅱ. ①扬… Ⅲ. ①佛塔—研究—印度
Ⅳ. ①K935.17

中国国家版本馆CIP数据核字（2023）第106211号

广西师范大学出版社出版发行

　广西桂林市五里店路9号　邮政编码：541004

　　网址：http://www.bbtpress.com

出版人：黄轩庄

全国新华书店经销

天津图文方嘉印刷有限公司印刷

　　天津宝坻经济开发区宝中道30号　邮政编码：301800

开本：635 mm × 965 mm　1/16

印张：18.25　字数：150千

2023年8月第1版　2023年8月第1次印刷

印数：0 001~6 000册　定价：126.00元

如发现印装质量问题，影响阅读，请与出版社发行部门联系调换。